PRESQUE ÉTRANGER POURTANT

Domaine alémanique dirigé par Camille Luscher

THILO KRAUSE

PRESQUE ÉTRANGER POURTANT

Traduit de l'allemand par Marion Graf

ZOE

Les Éditions Zoé remercient Pro Helvetia,
fondation pour la culture, pour son soutien à la traduction,
au lectorat et à la promotion de ce titre.

prohelvetia

www.editionszoe.ch
Maquette de couverture : Notter + Vigne
Illustration : © Yan Duyvendak et Charles Mesnier
ISBN 978-2-88927-990-6

Les Éditions Zoé bénéficient du soutien de
la République et Canton de Genève,
et de l'Office fédéral de la culture.

Je nage au beau milieu, dans mes vieux vêtements,
j'y suis encore chez moi, presque étranger pourtant.
Et ne sais plus ce que je suis, ce que je fus,
le sel dans la soupe, ou le cheveu dessus ?

Gerhard « Gundi » Gundermann,
Strasse nach Norden

That deep blue sky is my home.

Tom Waits,
Little drop of poison

I

C'est mon roc. Un récif battu par le vent, quelques pins noueux. Le soir, je monte ici pour regarder d'en haut notre maison. Je m'assieds tout au bord du vide. Derrière mes orteils, les couronnes des arbres se balancent si fort que pris de vertige, je relève les yeux. Route, champs, village. Et quand quelqu'un rentre en voiture, tourne entre les maisons, un nuage de poussière vibre au-dessus des champs. Notre maison est posée au soleil comme si elle était finie depuis longtemps. Je ne vois pas le crépi qui s'effrite sur le mur ouest. Je ne vois pas le jardin plein de mauvaises herbes, ni les arbres fruitiers attaqués par le mildiou. C'est l'été. L'été que j'ai toujours voulu. Avec la Petite et avec Christina.

La première fois que nous sommes venus au village tous les trois, les baies des sorbiers rougeoyaient sur l'asphalte. Vitres baissées, nous avons dérivé à travers la montagne par les routes poussiéreuses, par les allées qui coupent la campagne. La Petite était petite. Elle dormait dans son petit siège. Ses pieds tressaillaient parfois au milieu de son rêve. Elle s'éveillait à peine quand nous la glissions dans l'écharpe de portage. Elle redressait la tête, puis retombait sur mon épaule. Un courtier nous guidait d'une maison à l'autre. J'essayais de sentir, d'entendre et de voir. La Petite dormait contre mon ventre. Je me sentais comme blindé dans sa chaleur, invulnérable, invincible. Une des maisons était infestée de moisissures. On se heurtait à une sorte de résistance. La maison suivante sentait l'huile rance et les vieilles querelles. Dans une autre, l'air était comme de l'eau. À tout moment, j'essayais de me rappeler si j'étais venu ici avec Vito. J'en avais parfois la vague intuition, mais à l'époque, pour nous, les enfants, le village voisin était un autre monde. Cette fois-là, nous sommes passés presque inaperçus. Ou du moins, nous n'avons croisé personne que j'aurais connu. Le courtier était un type pâle, en complet-veston. Il avait oublié une touffe de poils en se rasant. La Petite se contentait de tourner la tête de loin en loin d'un côté ou de l'autre. Elle était incroyablement chaude, un concentré de vie. Pour elle, nous avons traversé un jardinet après l'autre, arpenté des pièces qui sentaient le renfermé, exploré des caves sans lumière, jusqu'à ce que nous trouvions enfin cette maison-là, avec ses arbres fruitiers. Abricots, pommes et cerises. Ici non plus, je n'avais pas de visage, aucun souvenir de voix. Et tant mieux.

Un couloir bas, à gauche la salle de bains avec les roses qui brillent par la fenêtre, le séjour et la cuisine, la porte étroite menant au garde-manger. Peut-être allons-nous démolir la cloison qui sépare la cuisine du séjour et créer une grande fenêtre donnant sur le jardin. C'est ce dont nous rêvons, avec Christina qui chaque jour, dans notre vieille voiture, se rend à son travail tandis que je reste à la maison. J'ai commencé par rénover la chambre d'enfant. La Petite y dort à l'ombre des arbres fruitiers. Christina voulait des murs blancs, pas roses. Nous avons acheté des meubles en pin et couvert la tapisserie de feuillages, de lianes et de fleurs peintes, comme si le jardin se continuait à l'intérieur. La chambre attenante est la nôtre, un lit bas, une armoire pour les vêtements. Elle donne aussi sur le verger. Quand nous sommes encore éveillés tard le soir et que nous parlons, des fourrés de nuit, d'étoiles et de feuillages remuent autour de nous. Et puis il y a encore la troisième pièce, brute, délabrée. Nous avons fermé la porte à clé pour que la Petite n'y entre pas. Le crépi est râpeux et un peu humide, comme si un jour, on ne sait pas quand, la pluie s'y était infiltrée.

Une fois que j'ai contemplé la maison à satiété, par-delà mes orteils, je traverse en équilibre quelques crevasses pour atteindre la face ouest de la falaise, et j'aperçois l'autre village, celui où Vito et moi avons vécu enfants. D'ici en haut, je peux regarder en avant et en arrière. D'un côté la maison, où Christina met en ce moment la Petite au lit. De l'autre le village de mon enfance. Entre deux, une route serpente, se perd dans les boqueteaux pour surgir à nouveau entre les champs, comme un ruban luisant. Le crépuscule dure une éternité, toutes les ombres s'étirent, plus longues que les choses elles-mêmes. Les couronnes se balancent. Tout se met à tournoyer. Tout se brouille. Vito, qui à présent vit en bas, au bord de l'Elbe, Christina, la Petite, hier, aujourd'hui. Quand ça tournoie ainsi, c'est l'heure de descendre, en prenant appui sur le grès, pour rejoindre le sentier équipé d'étais de fer et de madriers, toujours le même, celui que je suivais à l'époque avec Vito. Pendant la journée, les gens viennent, se hissent par les crevasses et les saillies jusqu'au point de vue où se dresse la girouette en fer-blanc. Le soir, il n'y a personne. Par les cheminées et les fissures, un reste d'humidité monte et s'évapore.

Quand je venais encore m'asseoir avec Vito sur la falaise, les soirées étaient immenses et la montagne aussi. Vito l'échalas. Moi le caniche – non pas le gros: le caniche, ni gros ni maigre. C'est ainsi qu'on nous connaissait en bas, au village, ce bled sur lequel, d'ici en haut, nous crachions: l'école, le boucher, le boulanger, le Konsum, l'étang des pompiers au beau milieu, envahi d'année en année par les roseaux. De toutes ces soirées passées avec Vito, il y en a une qui me reste en mémoire, celle où nous avions sauvé les têtards. Nous les avions recueillis dans ces cuvettes que l'on trouve partout dans les falaises. Ils gigotaient dans l'eau qui baissait, dans les feuilles et la vase. Nous les avions capturés au creux de nos mains, examiné leurs yeux brillants, la forme indéfinissable de leur corps, puis nous les avions fait glisser dans les bocaux. Ensuite nous les avions transportés tout le long des échelles et des étais de fer. L'un de nous descendait le premier, le second lui tendait les bocaux. Nous avions le fou rire en prenant pied sur le sol de la forêt. Et nous avons ri de plus belle en nous hâtant entre les troncs en direction du village. Le soleil était bas. Les bocaux scintillaient comme des lampions entre nos mains. Bientôt, laissant la forêt derrière nous, nous avons couru à travers champs. Nous n'avions aucune idée de la quantité d'oxygène qu'il fallait aux têtards, allaient-ils mourir d'asphyxie si nous n'étions pas assez rapides? Nous avons couru, couru, prenant des raccourcis entre les jardins et les maisons pour atteindre enfin l'étang des pompiers. À plat ventre sur le bord en béton, nous avons ôté les couvercles et à deux mains, nous avons enfoncé les bocaux sous l'eau. Un instant, les têtards, comme morts, sont remontés à la surface. Puis ils se sont éloignés en frétillant. Nous sommes restés là quelques minutes à scruter l'eau, jusqu'à ce que le dernier têtard ait disparu du côté des roseaux. Et nous sommes rentrés. Vito, contre le soleil aveuglant, semblait encore plus maigre que d'habitude. Nous nous sommes retournés deux ou trois fois pour échanger des signes, puis nous avons bifurqué, chacun dans sa rue. Les gens avaient les fenêtres ouvertes. J'entendais des voix, des radios, des tintements de vaisselle, et je pensais aux têtards, et qu'ils allaient grandir, avec toute cette place qu'ils avaient à présent.

Nous montions chaque jour dans la forêt, là-haut, où les blocs de rocher étaient disposés entre les troncs comme des maisons. Une ville de grès, rien que pour nous. Nous nous faufilions dans les ruelles que formaient les alignements de rocs, explorant bloc après bloc. Il y en avait des bas, des plats, la plupart ne mesuraient guère plus de deux ou trois mètres de haut. D'autres avaient une base très abrupte, puis allaient s'aplatissant. Un ou deux rétablissements, et le plus dur était franchi. D'autres encore étaient escarpés sur toutes les faces, tapissés de mousse et jonchés d'aiguilles de pins. Des colosses verts que nous considérions avec déférence. De près, ils exhalaient une odeur douceâtre de pourriture et de vie. Des monolithes sur lesquels on ne s'aventurait pas. Nous savions ces blocs inexplorés, *terra incognita*, avec leur couleur d'un vert gazon si ridicule, à côté des falaises et des sommets. Le week-end, de vrais grimpeurs traversaient le village. J'entendais leurs voix résonner entre les maisons, même s'ils étaient loin d'être bruyants. Je les suivais du regard et j'essayais d'imaginer leur monde. Je pensais qu'à force d'entraînement dans notre ville de roches, j'y arriverais aussi. Vito et moi serions assis à l'école, les mains posées devant nous sur le pupitre, calleuses et crevassées. De grandes mains qui pourraient nous mener partout. Elles pouvaient bien écrire du vocabulaire ou des devoirs de calcul, mais au fond, elles étaient faites pour nous hisser sur un rocher précis que nous avions élu dans la ville de grès, et qui était différent des autres. Il se trouvait au pied sud de la falaise où nous avions sauvé les têtards. Un colosse que l'érosion avait précipité au sol, depuis tout en haut. Une de ses faces était appuyée contre la paroi lisse de la falaise. Entre deux, il y avait un couloir rempli d'aiguilles de pin que l'on pouvait remonter à quatre pattes. Après, la pente s'accusait, mais en crispant tout le corps dans le boyau, en se coinçant entre une paroi et l'autre, il était facile de gagner le sommet. Pourtant ce n'était pas cela que nous voulions. C'est l'autre face qui nous intéressait, la face opposée à la falaise. Une surface lisse, inclinée, d'environ sept mètres de haut. Ensuite elle se redressait. L'escarpement se renflait alors pour former un bourrelet qui allait s'aplatissant vers le haut. Entre la dalle et ce bourrelet, nous pouvions distinguer une vire étroite sur laquelle il devait être possible de se tenir debout comme sur une corniche. En pensée, j'avais déjà accompli l'ascension un nombre incalculable de fois. En pensée, je savais comment rétablir mon poids sur la dalle, comment me hisser vers le haut en utilisant les creux et les aspérités. Pourtant mes représentations s'arrêtaient au décrochement rocheux. Je ne parvenais pas à imaginer un mouvement qui pût convenir à ce passage. Mais pas question de tomber. Nous nous étions mis cela en tête. Vito et moi. Nous rôdions tout autour à longueur d'après-midi, posions les pieds sur le premier ressaut, mais sans aller plus loin, comme pour nous assurer que nous en étions capables, qu'il suffisait de le vouloir. Nous allions nous asseoir sur les petits blocs éparpillés autour du rocher. Ils formaient des sièges tièdes, hauts comme des chaises. En cherchant un peu, on pouvait trouver une position qui permettait de se prélasser tranquillement et de contempler le ciel. C'est l'un de ces blocs qui devait être fatal à Vito, mais nous ne le savions pas encore. Aussi souvent que nous en avions envie, nous venions nous installer là et nous contemplions notre voie vers le sommet, tandis que les nuages et les cimes des pins se fondaient en vagues ondoyantes.

À la fin du mois de mai, j'avais sorti de la cave la corde à linge neuve de ma mère. Il ne s'agissait pas d'une de ces minces cordelettes enrobées de plastique. Mais bien d'un tortis pelucheux gros comme le doigt. Je ne sais plus si je pensais vraiment qu'elle nous serait utile. Il me la fallait, de même que tout grimpeur doit avoir sa corde et puisque nous voulions être comme eux, il nous en fallait une. Un certain temps, nous avions envisagé d'en emprunter ou d'en voler une, mais au village, nous ne connaissions aucun alpiniste. L'escalade était un sport de citadins.

Un beau jeudi, nous sommes partis. Nous n'avions que quatre heures devant nous. Dehors, tout était frais, vert et haut. En sortant, sur le seuil de l'école, nous avons cligné des yeux dans la lumière. Mentalement, je me dépeignais notre triomphe. Nous irions acheter une limonade au Konsum, nous irions nous asseoir au bord de l'étang des pompiers et nous jetterions de tous côtés des regards conquérants.

Notre corde était déposée depuis plusieurs jours à l'abri de la pluie, dissimulée dans une anfractuosité. En arrivant, je l'ai déroulée et disposée en un tas souple, comme je l'avais vu faire aux grimpeurs. En fait, il était clair que c'était Vito, et Vito seul, qui était concerné. Il était élancé et musclé. Ce qui était pour moi hors d'atteinte était à sa portée. C'est lui qui était le sec, le souple – moi j'étais le caniche. Vigoureux peut-être, mais lourd, aussi. Nous avons joué à papier-caillou-ciseaux. J'ai regardé la main de Vito : ciseaux. Puis la mienne comme si elle ne m'appartenait plus : ciseaux. Sur la route, nous avons entendu une voiture qui montait de la vallée. L'une des rares voitures qui étaient en route à cette heure-là. Puis le calme est revenu. Papier-caillou-ciseaux. Cette fois, j'ai commencé par regarder ma main. Puis comme au ralenti, celle de Vito. Une fraction de seconde, j'ai cru qu'il avait aussi le poing fermé, mais soudain j'ai aperçu sa main horizontale. Peut-être qu'au dernier moment, il avait tendu les doigts. Peut-être que je m'étais trompé et qu'il en avait décidé ainsi dès le début.

Donc, à moi. Je ne discutai pas. Je ne reprochai pas à Vito d'avoir triché. S'il l'avait fait, c'est que j'avais été trop lent, ou lui trop rapide. J'ai regardé la corde à linge, j'ai suivi des yeux chaque boucle, jusqu'à en avoir le vertige. Une nouvelle bourrasque a mugi dans les arbres. Des aiguilles de pin ont volé dans mes cheveux. Vito s'est assis sur un des petits blocs de rocher que nous avions toujours utilisés pour contempler le ciel. La tête appuyée sur la main, il m'observait. Comme en transe, j'ai fixé la corde autour de mon ventre. S'il y avait une chose que je n'avais pas prévue, c'est que je pourrais être le perdant. Pour moi, il avait toujours été évident que ce serait à Vito de faire l'escalade. Dans la lumière franche de midi, une silhouette déliée, une ombre agile.

Je sentais mon pouls battre au bout des doigts. Mes paumes étaient moites. Je posai un pied sur la dalle inclinée, me redressai, soulevai l'autre pied. Sous les semelles, un crissement. Puis le sol se déroba sous mes pieds. Je tombai en avant et dérapai en arrière.

Allez vas-y, dit Vito.

Je haletais, je sentais le sang pulser dans mes mains et mes pieds. J'ôtai mes chaussures, puis mes chaussettes, réajustai la corde autour de mon ventre et grimpai. Cette fois, les pieds tenaient. Le grès était chaud et rugueux. Sur la dalle, il y avait des creux et des bosses. Je progressais à petits pas, prenant appui sur les mains. Rampant, me tirant toujours plus haut. Si j'avais jeté un regard en arrière, la hauteur m'aurait frappé. Mais je regardais droit devant, j'époussetais les aiguilles de pin des renfoncements et montais en flageolant, jusqu'à ce qu'au bout de quelques minutes, je puisse empoigner le bourrelet proéminent que nous avions vu d'en bas. Je tâtonnai vers le haut, trouvai une prise, ramenai les pieds et me retrouvai soudain debout plaqué contre la paroi. Devant mes yeux, tout n'était que roche. Je ne voyais plus mes pieds. Je les calai autant que possible sur la vire le long de laquelle je pouvais me tenir en équilibre et me mouvoir à gauche et à droite.

Alors je plongeai les yeux vers le bas.

J'aperçus Vito, la tête renversée en arrière, la main en visière au-dessus des yeux. La corde courait comme un cordon ombilical desséché le long de la dalle oblique qui d'en bas, semblait monter en pente douce. À présent, elle tombait à pic. Mon genou gauche tremblait de façon inquiétante. Je ne pouvais plus revenir en arrière. D'en bas, le rocher avait eu l'air assez ridicule. De cette vire, la vue était effrayante, comme à la piscine quand on est sur la tour, qu'on fixe l'eau et qu'on ressent la hauteur.

Alors ? cria Vito.

Je m'obligeai à regarder vers le haut, là où la roche s'aplatissait et où je reconnaissais quelques cavités. Je progressai vers la droite, en direction de l'arête latérale du roc, jusqu'à pouvoir passer le bras autour. Je crus attraper une oreille géante, refermai solidement la main sur elle, hissai les pieds sur le surplomb rocheux, et me rétablis en haut.

À gauche aussi, je trouvai une prise où me tenir. Encore quelques tractions tremblantes, et je me retrouvai au sommet. Les cimes des pins étaient proches. Le vent soufflait doucement et je constatai que mes doigts saignaient, que mes tibias étaient écorchés. En bas, se tenait Vito, le grand Vito, rétréci, plié, vu de ce poste d'observation. Il tenait dans sa main l'extrémité de la corde à linge.

Jette-la en bas, cria-t-il. Je n'en ai pas besoin.

Je dénouai la corde et la jetai. Vito pensait peut-être que si moi, le caniche, j'avais réussi, lui réussirait aussi. En tout cas, il ne s'attacha pas à la corde à linge. Elle n'aurait servi à rien, mais si souvent, je me suis demandé si quand même.

Je me souviens que j'ai crié à Vito d'enlever aussi ses chaussures, il ne le fit pas. Rapidement, il fut debout sur la dalle, à mi-pente, puis il disparut progressivement de ma vue. Et le silence se fit. Aujourd'hui, il me semble qu'une éternité s'écoula sans que je voie ni n'entende Vito. À l'époque, je n'y ai rien vu d'anormal. J'étais assis là et je me sentais incroyablement léger. Moi, le caniche, j'étais au sommet. Dans ma main droite, je sentais encore la prise qui m'avait sauvé, cette oreille au bord bien découpé, dans laquelle mes doigts se logeaient parfaitement.

Eh ! qu'est-ce que tu fais tout ce temps ? lançai-je dans le vide.

Je jouis de la vue.

Où es-tu, criai-je en direction du pied du rocher, à plat ventre, je rampai aussi loin que possible vers l'à-pic, mais je ne vis pas Vito.

J'arrive, entendis-je.

Je crois que très brièvement, la tête de Vito a surgi au-dessus du décrochement rocheux. Puis elle a disparu. Il y eut un raclement, un choc sourd et un frottement, Je ne sais plus si Vito a crié ou si je ne l'ai pas entendu crier. Soudain, il était en bas, couché par terre. J'étais à mon poste d'observation, en spectateur extérieur, l'espace de quelques secondes, le temps de comprendre que mon meilleur ami gisait là en bas, immobile. La lumière a fulguré. Vito. Rocher. Forêt. Un instantané inouï, une clarté si aveuglante que les larmes ont ruisselé sur mes joues. C'est moi qui criais tout à coup. Quand le souffle m'a manqué, mon cri m'est revenu en écho. Je me suis redressé, j'ai titubé de mon observatoire jusqu'au couloir latéral où je me suis faufilé dans la rigole qui débouchait sur le boyau rempli d'aiguilles de pin. Le dos contre une paroi et les pieds contre le rocher d'en face, j'ai glissé, mètre après mètre, vers le bas. C'est moi, pensais-je. Tout est de ma faute. À ce moment, cette pensée me donnait davantage de force qu'elle ne me paralysait. Je suis descendu jusque dans le goulet, j'ai glissé sur le fond de mon pantalon et j'ai rejoint Vito, tout en bas. Aujourd'hui encore, j'ignore comment je suis rentré au village. Je me souviens du corps de Vito qui pendait sur mon dos, inerte. Je me tenais courbé en avant pour pouvoir le caler sur mon épaule. J'aurais bien voulu me redresser, mais Vito, alors, glissait vers le bas, ses bras s'allongeaient comme des élastiques qui semblaient s'étirer, s'étirer. Du sang coulait sur mes mollets. Je haletais. Je courais éperdument, sans réussir à comprendre combien de sang pouvait contenir un tel corps, d'où il provenait et ce qui se passerait si c'était la fin. Le village reposait dans le silence de l'après-midi. Je n'ai vu personne, ou j'ai eu l'impression que je ne voyais personne. Personne ne m'a hélé, on aurait dit que tout s'était passé dans un autre monde, un monde dans lequel n'existaient que Vito et moi. Un monde invisible, impénétrable, dans lequel il ne restait plus que moi, tout seul, jusqu'à ce que se dresse devant moi le concierge de notre école. J'ai senti que je devenais plus léger. Soudain, Jiři tenait Vito dans ses bras. J'ai entendu Jiři crier, comme j'avais crié moi-même. J'ai entendu le village se réveiller. On venait. On m'a soulevé et transporté à l'intérieur de l'école. Après, pendant longtemps, je n'ai plus vu Vito. On m'a conduit à l'infirmerie, on m'a lavé et allongé sur la couchette en similicuir. J'ai fermé les yeux et j'ai rassemblé mes forces pour disparaître. La lumière, derrière mes paupières, était rouge vif. J'ai pensé que c'était le sang de Vito qui coulait dans mes yeux. À un moment, quelqu'un a refermé sa main sur la mienne. Je connaissais cette main. Ma mère m'a aidé à me redresser, m'a donné un peu d'eau à boire. Je suis sorti avec elle en chancelant. Lorsque nous avons été debout sur le seuil, j'ai pris mon courage à deux mains et me suis dégagé. J'ai descendu les marches en courant. Ma mère m'a appelé. Je me suis retourné, j'ai grimacé un sourire, haussé les épaules. Des larmes lui sont montées aux yeux. J'ai couru jusqu'à la forêt avec toute l'énergie qui me restait et encore tremblant, me suis assis sur le roc. J'ai regardé le village, en bas, m'efforçant de repérer un signe de ce qui venait de se passer. Je n'ai rien vu. Pas de police. Pas d'ambulance. On aurait pu croire que j'avais seulement imaginé la chute de Vito. Ma main droite pulsait comme si j'y sentais encore la prise qui m'avait sauvé.

Entre les arbres, le jour baisse. En traversant la route, j'entends des voix venant de là-bas, de la zone de reboisement. Un vélomoteur pétarade. Des ados, peut-être, qui viennent se soûler par ici. En hâte, je vais encore pisser dans la forêt, au bord de l'ancienne carrière, le trou que nous visions toujours, avec Vito. Un geai grince. Sur le chemin forestier tout proche, le vrombissement du vélomoteur. C'est le dernier bruit que j'entends.

Quand je reviens à moi, je suis entortillé dans un cocon de ténèbres. Je ne sais pas si quelque chose me bouche les yeux ou si vraiment, il fait si noir. Je sens mes hanches, mes jambes, comme coincées, puis je me souviens que j'ai pissé dans la carrière. Pendant un moment, je ne vois rien, le temps de comprendre où est le haut, où est le bas. Je tourne la tête et reconnais quelques étoiles. Plus trace de vélomoteur. Les pins bruissent. Mes pieds sont glacés. Une espèce de douleur, comme si j'avais mis le pied sur quelque chose de pointu, mais ce n'est que le froid. Il me faut quelques minutes pour revenir sur le chemin. Tombé dans la carrière en pissant. J'éclate de rire. Je saigne à la nuque. Mes cheveux sont collés, mon t-shirt est déchiré. Un immense ciel nocturne se déploie au-dessus des champs. Comme elle m'a manqué, la Voie lactée, tout ce temps. Ici, elle existe encore. C'est loin, jusqu'à la ville.

Je reconnais à peine notre maison. Toutes les fenêtres sont obscures. D'après les constellations, il est minuit. Je soulève le portail du jardin pour empêcher les gonds de grincer, traverse le jardinet, sens l'herbe humide sous mes pieds. Je ne veux pas réveiller Christina, je ne fais pas de bruit à la cuisine, et la voici, devant moi.

Je suis tombé dans la vieille carrière, dis-je.

Christina me dévisage. Puis elle monte à l'étage, revient avec la boîte à pansements.

Commence par te laver, dit-elle.

Je vais au lavabo, je mets la tête sous le robinet. Ça brûle. Je tâte une bosse et une écorchure. Lorsque je m'assieds à la table de la cuisine, Christina attire à elle une chaise, se place derrière moi. Je baisse le menton. Quand Christina a terminé, elle étreint mon thorax de ses deux bras, pose la tête sur mon épaule. Ses cheveux me chatouillent. Elle sent bon. Je me retourne, mais elle se lève, recule d'un pas. Me jette un baiser. S'en va. Le frôlement de ses pieds nus se perd dans le couloir, à l'étage. La porte de notre chambre à coucher se referme. Quoi encore ? aura pensé Christina. Quoi encore ?

Le feuillage clignote autour de nous. Christina, dans son demi-sommeil, glisse sa main dans la mienne, mais où je suis, je n'en sais rien. Alors que c'est moi qui ai entraîné Christina ici, dans cette maison, dans ces pièces. À l'époque où Christina était enceinte et où je m'exaltais à l'idée du ciel si haut et si vaste au-dessus des champs de mon enfance. À ces moments-là, je m'animais, à la fin de chaque journée, pendant la demi-heure où nous étions au lit, couchés côte à côte, et que je parlais, parlais. Alors le pays et la ville qui nous entouraient pâlissaient. Alors l'impression d'être étrangers s'estompait. Et nous faisions l'amour, très précautionneusement, car la Petite était là, déjà. Mais j'étais plus présent que jamais. Et peut-être que si Christina est revenue ici avec moi c'est précisément dans l'idée que moi aussi, je trouverais le chemin du retour. Du retour vers moi, vers elle. Je n'en sais rien.

II

Le matin, Christina descend dans la vallée. Déplier les gens, comme elle dit. Christina travaille dans la Ville-qui-n'en-est-pas-une. À dix minutes en voiture. Rien que de la descente. On passe devant le terrain de football envahi de mauvaises herbes. Puis on traverse un petit bois. Et déjà, on y est. La maison des médecins est située au centre de l'agglomération qui se serre dans une vallée encaissée. Surplombant le bourg, une forteresse trône. Ceux qui ne veulent pas y aller à pied peuvent prendre un bus qui rappelle les anciens véhicules à étage londoniens. Les chauffeurs sont presque tous des Tchèques. J'en connais un, Jan, qui vient tous les matins de son village, quarante kilomètres en descendant le long de l'Elbe. Il conduit un de ces lourds mastodontes, amenant des cargaisons et des cargaisons de touristes à destination. La forteresse est un monde parallèle, affairé, tout là-haut, un fier royaume dans les nuages, tandis qu'en bas dans la Ville-qui-n'en-est-pas-une, les vieux se penchent aux fenêtres et épient la rue ou l'étroit cours d'eau qui, au fond de la vallée, coupe le bourg en deux. Avec le temps, les maisons se sont multipliées sur les coteaux. Il y a une gare où les gens débarquent de la vraie ville, et les grimpeurs. Il y a une église. Trois boulangers. Deux bouchers.

Deux échoppes de glaces. Le pont du chemin de fer. Et puis le café Deutsches Eck. Le restaurant Reichsadler. La brasserie chez Gita. Et encore quelques-uns de ces troquets où les crânes rasés consomment leur bière, attablés à des tables en plastique, mais quant à être rasés, il y a belle lurette que la plupart ne le sont plus. Ces crânes-là, rasés et non rasés, sont nombreux. Il est connu pour ça, l'endroit où Christina travaille et où Vito, aussi, a son atelier d'ébéniste. Le plus beau, c'est l'Elbe, qui défile lentement devant les maisons. Elle forme comme une barrière qui ferme la Ville-qui-n'en-est-pas-une, au débouché de la vallée. Au printemps, il arrive que l'Elbe enfle et s'engouffre dans l'embouchure du ruisseau. Voilà pourquoi le cimetière est situé sur la pente, pour que les morts aient la paix. Une fois, avec Vito, j'avais nettoyé la place qui s'ouvre devant l'église. Les gens étaient venus de partout pour remettre le bourg en état. La neige avait fondu dans les monts des Géants et en plus, il avait plu. On pouvait naviguer en barque dans les ruelles. Au bout d'une semaine, le cauchemar était passé. Ne restaient que la vase et les détritus, des épaves, des troncs, de scintillantes flaques d'huile et une puanteur indescriptible.

Pendant que Christina travaille, il n'y a que la Petite et moi. La maison est grande et vide, propice à l'angoisse ou à la tristesse, mais je n'en laisse rien voir. Nous prenons le petit déjeuner. Dehors, le jardin resplendit, les mauves, le faux jasmin. Les framboisiers ont l'air chaque jour un peu plus grands tant ils poussent vite. Nous mastiquons nos tartines. Je caresse les cheveux de la Petite, elle a les mêmes que Christina, aussi foncés et ondulés. J'habille la Petite et l'amène au jardin d'enfants, bien que ce ne soit pas loin. Sa main tourne dans la mienne. La Petite transpire et je m'interroge. Nous passons près de l'étang des pompiers, il y en a un ici aussi. La Petite me regarde. Je sais ce qu'elle va dire. Même si c'est un autre étang. Je lui ai raconté l'histoire des têtards. Comment je les avais sauvés dans des bocaux. Je n'ai pas mentionné Vito. J'ai parlé de lui à Christina, mais elle ne connaît pas notre histoire. Elle ne sait pas que Vito, en faisant de l'escalade avec moi, a perdu une jambe. Je veux que Christina croie que nous sommes revenus à cause des pommes et du ciel.

Après avoir déposé la Petite, je vais m'asseoir sur un banc. Je suis là et j'attends. Parfois une demi-heure, parfois une heure, jusqu'à ce que le groupe sorte jouer au jardin. J'observe très exactement la Petite, avec qui elle joue, si elle rit. Il n'est pas toujours facile de la reconnaître. Le jardin est entouré de buissons et je ne veux pas m'approcher davantage. Le plus simple, c'est quand elle se balance. Alors elle s'élance au-dessus des buissons, et je me demande si hier, elle s'est balancée aussi haut, ou si elle a moins d'élan aujourd'hui. Si j'observe la Petite avec autant d'attention, c'est que je sais ce qu'il en est, du bonheur de l'enfance. Les têtards avaient été notre bonheur et notre chance. J'avais eu de la chance. En tout cas, à l'époque, c'est ce que les gens disaient.

Il n'y a pas grand-chose à faire, même si Christina ne veut pas le croire. La maison est en état, à part le mur ouest. Là, le crépi s'effrite. J'ai interrogé le courtier. Il m'a raconté qu'une femme âgée habitait ici, une dame proprette aux cheveux blancs, avec des enfants propres, soigneux. Tous les week-ends, ils venaient ici avec leurs propres enfants. C'est pour ça qu'il y a déjà un bac à sable dans le verger, et une balançoire. À présent, nous avons donc une maison avec un bac à sable et une balançoire. En passant devant la clôture, on se dit : une maison heureuse. Cette idée me plaît. J'aime à penser que quelqu'un d'extérieur pose les yeux sur notre vie et qu'il nous envie. Je me rassure à cette idée. Quand la Petite est au jardin d'enfants, je passe devant notre maison, je jette un coup d'œil dans le jardin, sur les jouets abandonnés. Je passe plusieurs fois. Je vais, je viens, et je regarde notre maison silencieuse, heureuse, et je me dis que j'ai été un étranger durant toutes les années passées loin d'ici.

C'est mon roc. Le matin, je monte ici pour regarder d'en haut le village : notre maison et les autres, qui flamboient paresseusement derrière un mur de chaleur, l'église et le jardin d'enfants, où la Petite se balance. D'ici en haut, je ne distingue que des taches multicolores, les petits bouts de chou qui courent sur la pelouse, entre la balançoire, le bac à sable et le tapecul. On pourrait croire que c'est le vent qui souffle les enfants de-ci, de-là, mais non, il n'en est rien. Ils jouent à chat perché ou à cache-cache. Les deux seules taches qui ne bougent presque pas sont les éducatrices. Il y a encore ici le jardin d'enfants et l'école, parce que les gens des autres villages y amènent leurs enfants. Jusqu'en quatrième année. Après, les enfants prennent le bus pour aller à la Ville-qui-n'en-est-pas-une. Du côté de la girouette, des voix se font entendre et je redescends pour aller chercher la Petite. Nous prenons ensemble le repas de midi. Maintenant qu'il y a des touristes par ici, je choisis mon propre chemin. Un goulet à pic, une espèce de cheminée qu'aucun guide ne mentionne comme sentier. Je cale les jambes contre une paroi, le dos contre l'autre, et lentement, je descends. Parfois, une bourrasque se lève et projette sur moi une bouffée de chaleur. Le vent enveloppe mon corps de tiédeur. C'est ici, le long de ce chenal, que passait le fil du téléphone que j'avais tendu avec Vito. Quelquefois, je trouve cela incroyable, que plus personne ne me connaisse, on croirait que tout l'équipage a été remplacé. Morts, les vieux, partis en ville, les jeunes, vendues, les belles maisons, tandis que les laides tombent en ruine.

En contrebas, un vélomoteur serpente dans la forêt. La silhouette du conducteur passe comme un feu follet entre les troncs. Je me dépêche, je franchis les derniers mètres d'un saut. La Petite me vient à l'esprit, je la vois se cacher le visage dans les mains quand elle doit attendre, pour soudain découvrir ses yeux, je la vois sauter sur ses pieds, courir à ma rencontre. Je fais quelques pas en direction du village. Puis je fais volte-face et je repars derrière le vélomoteur. Les pins cèdent la place à des bouleaux. La forêt s'éclaircit, le sol est tapissé de touffes de myrtilles. Il n'y a que des sentes, ici, des traces qui toutes, montent en direction d'un vaste rocher en surplomb. Alors que je songe à faire demi-tour, je revois le vélomoteur. Le miroir du rétroviseur lance un éclair depuis le chemin carrossable. Au même instant, je distingue le conducteur. Il monte, chargé d'un vieux sac à dos militaire, en direction du surplomb. L'air est lourd et écœurant. Partout dans la forêt, des taches claires de papier de toilette. Je tousse, j'ai presque l'impression de voir l'odeur flotter à travers les troncs. Je fais encore quelques pas. Soudain, à proximité du surplomb, un chien se met à aboyer. Les aboiements résonnent dans les rochers jusqu'à ce que quelqu'un appelle. Le chien se tait immédiatement. Je me cache. Une voix crie des ordres. Les sons répercutés jusqu'ici sont comme amplifiés par le rocher. À travers les broussailles, je me dirige vers le pied de la falaise, un talus planté de bouleaux et de pins trapus. Un petit labyrinthe en pente que j'avais déjà gravi quelquefois avec Vito quand à la gymnastique, ça nous ennuyait de courir le long des sentiers touristiques qui menaient à la vieille girouette. J'accède sans peine à la première marche rocheuse. Bientôt, je suis à dix mètres au-dessus du sol. Je me faufile discrètement vers la droite et me dissimule à la vue, entre un boqueteau de bouleaux et un petit pin. De là, je les vois. Deux loubards vêtus de noir et un homme en tenue de camouflage, avec un berger allemand à la longe. Ils ont l'air intrigués, à trente mètres à peine de moi, tendant l'oreille en direction de la forêt, plus bas. Leurs crânes reluisent. J'ai entendu parler des camps qu'ils organisent. On dort à même le sable sur des nattes isothermes et dans des sacs de couchage. On fait du feu par tous les temps, on grille des saucisses et on chante.

Les trois hommes, visiblement, sont perplexes. Ils restent plantés là un moment à scruter la forêt, puis ils prennent leur chien berger à la laisse courte, et repartent en direction du surplomb. Je grimpe jusqu'au sommet, je vois surgir notre ville de roches, à Vito et moi, mais je ne m'attarde pas. Il faut aller chercher la Petite. Je traverse la falaise et redescends vers le village par le sentier touristique. Je cours, je cours à la rencontre de ma fille, mais je ne suis plus l'enfant d'autrefois. Je ne porte plus mon bocal devant moi comme un lampion lumineux. C'est comme si les nazis étaient venus se soulager directement dans le jardin de mon enfance.

Je sais que les éducatrices s'étonnent que la Petite aille au jardin d'enfants. Je sais qu'elles se demandent ce que je fais au village, quand j'arrive au jardin d'enfants pieds nus, en t-shirt et en jeans et que je viens chercher la Petite pour le repas de midi. Mais les enfants ont besoin des enfants. Je l'ai dit plus d'une fois. Les éducatrices l'ont gentiment admis. Nous ne parlons guère quand je viens chercher la Petite. Je bouscule les règles en vigueur. Les enfants sont amenés le matin et restent jusqu'au soir. Mais la Petite me manque. Je veux sentir sa main dans la mienne. Je veux voir son enthousiasme quand elle mange à la cuillère. Et tout autant, j'ai peur de la Petite, je redoute ses questions malhabiles, qui ne sont anodines que pour elle : ce que nous faisons ici, pourquoi nous sommes venus. Et si un beau jour la Petite se ceignait d'une corde à linge pour escalader un rocher, pour aller voir la forêt d'en haut, les cimes des arbres qui ne restent presque jamais immobiles ?

Quand la Petite accourt à ma rencontre, j'ai déjà oublié ces choses. Je la porte à la maison. Je veux me blinder de sa chaleur. C'est à ces moments-là que je suis tout près d'empoigner la pelle, ou de téléphoner à quelqu'un qui pourrait me faire une offre pour notre Café. Vite le temps de manger, et on y va. Je réchauffe ce que Christina nous a laissé. Des pommes de terre et des légumes. Je casse un œuf dans la poêle. Nous badinons tout en mangeant, la Petite et moi. Pour le dessert il y a du chocolat. Je la débarbouille, lui enfile un t-shirt propre. J'abandonne la vaisselle sale. Je ferme la maison et nous nous remettons en route. La Petite aime bien aller au jardin d'enfants, mais le matin, les adieux sont plus faciles. Les éducatrices me toisent. Je me penche, je donne un baiser à la Petite. Même quand je me redresse, j'ai l'impression, pendant un moment, que je marche courbé. C'est le regard des éducatrices. Ce sont les vieilles histoires avec Vito, qui me reviennent en mémoire. Maintenant j'aurais le temps de téléphoner. J'aurais le temps de faire quelque chose au jardin. De cueillir quelques fraises ou de m'attaquer au mildiou.

La Ville-qui-n'en-est pas-une, il me serait impossible d'y habiter. Chacun connaît chacun. Un coup d'œil sur la corde à linge et on sait qui s'est offert une chemise neuve, ou alors, on détaille les pièces minuscules de la lingerie de la voisine en se demandant ce que ça cache. Je me hâte à travers les ruelles. Je sais que les vieux m'observent par la fenêtre, que leurs têtes me suivent.

Je sais à quelle heure Jan quitte la place du Marché. J'arrive toujours en sorte que Jan puisse encore en griller une avant que nous montions ensemble à la forteresse.

Tu as de nouveau ta ride de rêveur sur le front, dit Jan.

Ride de penseur, dis-je, ride de penseur.

Mais tu es un rêveur, remarque Jan en soufflant la fumée en direction de l'Elbe, et j'éclate de rire.

Maintenant je vais te raconter une histoire, dit Jan.

Chaque soir, juste après la frontière, je vois une fille debout au bord de la route. Elle est toute pâle et ses seins brillent comme deux lanternes à contre-jour. Ses cheveux sont noirs comme l'ébène. Il se pourrait même qu'elle ait une méchante marâtre. Chaque fois, je suis sur le point d'écraser le frein, de descendre et de l'inviter à monter dans ma voiture. Elle pourrait dormir à la cuisine sur le banc d'angle, et le lendemain, je déplierais pour elle une couverture dans le coffre et je lui ferais traverser la frontière pour la conduire jusqu'à la forteresse. Je la déposerais à la cuisine et elle pourrait commencer par effiler les haricots et peler les pommes de terre, ou quelque chose du genre. Et puis elle fréquenterait des cours du soir et trouverait un boulot. Mais je ne le fais pas. Parce qu'il y a là juste à côté, dans leur vieille épave soviétique, deux types qui ont énormément de dents blanches, un ratelier complet, sinon ils n'auraient plus une seule dent. Et ils trouvent leurs dents neuves si belles qu'ils ricanent tout le temps.

Tu vois, dit Jan.

À présent, c'est à son tour d'éclater de rire. Alors, c'est comme si le créneau, entre ses incisives, devenait plus grand. Le créneau du diable, comme dit Jan.

Je les connais, ses histoires. Je ne sais pas où il va les chercher, mais je sais ce qu'elles sont censées dire. C'est sa façon de dire que je dois enfin aller voir Vito.

Jan me tape sur l'épaule. Vous autres, les Allemands, vous êtes tous des théoriciens, dit-il.

Mais toi aussi, tu as une mère allemande.

Oui, mais ma moitié tchèque est dominante. Voilà pourquoi c'est moi qui roule ici en bus, et pas toi, mon ami.

Jan écrase sa cigarette et d'une chiquenaude, il expédie le mégot dans la poubelle.

Je monte rejoindre Jan dans le bus, ce drôle de monstre. Des nuages voguent au-dessus de la Ville-qui-n'en-est-pas-une. À l'arrière, sur la plate-forme de laquelle, par un petit escalier, on accède aux banquettes de l'étage supérieur, Jan a installé une chaise pour moi. Un vieux modèle en rotin qui se cale exactement dans l'angle. Les touristes regardent, rentrent le ventre pour gagner leurs places, mais personne ne dit rien. Je monte le dernier et je fixe la chaînette devant moi. Un miracle qu'un bus pareil soit autorisé. Je renverse la tête en arrière jusqu'à ce que la fraîcheur de la balustrade s'imprime dans ma nuque. Jan démarre. Lui aussi est un rêveur au volant, un bienveillant capitaine. Pour moi, je ne vois que la moitié du monde – nuages, toits, arbres et rochers. Tout le reste a sombré. Je peux me le représenter, mais rien ne m'y oblige.

J'ai retrouvé Vito alors que Christina était enceinte. J'étais devant l'ordinateur, insomniaque, occupé à chercher d'anciens camarades de classe. Dans ce fatras du passé, Vito a surgi à mes yeux comme un saint d'une pâleur absolue. La première chose qui m'a frappé chez Vito, ce sont ses boucles blondes qu'enfant déjà, je lui enviais. Mes cheveux châtains, raides, ce n'était pas la peine d'en parler. Autour de la tête de Vito ondoyait un blond chaos dans lequel lui-même cisaillait quand il le trouvait trop abondant. Ce n'étaient pas des boucles serrées, drues, leur diamètre correspondait plutôt à celui, gros comme la paume, du porte-clefs du concierge de notre école, Jiři. Sous cette chevelure, le crâne de Vito me semblait petit, un crâne d'oiseau. Plus d'une fois, je m'étais imaginé à quoi il ressemblerait s'il était entièrement chauve. Une tête fine avec un front étroit sur un corps encore plus fin, mais il avait gardé ses cheveux et sa pâleur, aussi. Après l'accident, il semblait que toute couleur se fût retirée de sa peau. Il avait l'air léger comme du parchemin, on aurait dit qu'un simple brin d'herbe pouvait lui transpercer la peau. Toujours aussi pâle sous son éternelle crinière, c'est ainsi qu'il m'apparut sur la première image. J'étais assis tout contre l'écran, j'avais peur de trouver un autre Vito que celui que je connaissais. Vito était svelte et souriait, debout dans un petit atelier d'ébéniste qui devait être le sien. Il y avait des tables, des commodes, de vieilles armoires rustiques. Les meubles avaient l'air solides et réalisés avec soin. Il se peut qu'ils l'aient été réellement, ou alors je me le figurais parce que je voulais que tout aille bien pour Vito, parce que je voulais que Vito puisse s'épanouir dans ce qu'il faisait. Aucune des photos ne laissait deviner que sa jambe droite s'arrêtait à la cuisse. Sur plusieurs d'entre elles, il posait avec une telle aisance et une telle légèreté que notre accident d'escalade ne me semblait qu'un mauvais rêve, comme si son corps avait été une plante qui aurait repoussé. Son atelier était aéré, inondé de lumière. Vito l'artiste. L'idée me plaisait. Une image montrait son établi avec dessus des rabots, des couteaux et quelques copeaux. Je croyais sentir l'odeur du bois. Une bulle hors du temps, dans laquelle Vito flottait. Me revint une lointaine journée de camp de vacances, un jour de pluie où nous étions restés à l'intérieur. Je m'affairais avec un fer à souder et une petite planche. Je gravais un dessin dans le bois. J'ai oublié le motif. Je sais encore que je chantonnais, quoique j'aie peur de chanter, mais je chantais, et je brûlais mon motif dans la planchette. Dehors, il pleuvait. Mes parents étaient bien loin. Mes amis étaient bien loin. Il y avait le monde et moi. Et c'est tout. Je voyais Vito passer sa vie dans une journée comme celle-là, une journée sans fin, embaumant le bois et un peu le café. Était-ce le cas pour Vito, je n'en sais rien. Je me le représentais rentrant chez lui le soir, rapportant un jouet en bois qu'il avait fabriqué, et ses enfants se jetaient sur lui, se précipitaient hors de leurs chambres en riant, coiffés des mêmes boucles merveilleuses.

À présent, Jan et moi sommes à l'arrêt de bus situé au pied du château. Les retraités, les enfants, les couples sont descendus pour aller prendre place dans le petit train sur pneus qui, par des routes étroites, gravit le dernier tronçon, jusqu'à la forteresse. Il s'arrête directement devant l'ascenseur extérieur. On peut alors changer encore de véhicule et se faire hisser jusqu'au sommet. Trente mètres derrière une vitre. Soudain, le paysage monte sous vos yeux, déroulé comme une toile de décor. Il y en a aussi certains qui vont à pied, mais ils prennent d'autres chemins.

Jan, je dis, Jan, tu le sais, que les nazis ont un camp, là-haut dans la forêt ? Mais il ne veut pas en entendre parler.

À toi d'en dire une, mon ami.

C'est notre jeu. Nous nous racontons des histoires. De Jan, je sais qu'il a deux enfants adultes et une épouse qui s'appelle Brigitte. Qu'il habite un patelin au-dessus de l'Elbe. Quand mon heure sonnera, il faudra que j'aille chez lui car là-bas, depuis que le bistrot est fermé, la mort refuse de s'y rendre.

De moi, il sait que j'ai voulu revenir là où j'ai vécu enfant. Je n'ai pas pu expliquer à Jan tous les détails. Mais je crois qu'il a compris.

Mon ami, mon ami, dit-il et il expédie sa cigarette en direction de la poubelle.

Ici en haut, il touche dans le mille. Ce qu'il aimerait, c'est me donner un nouveau tuyau. C'est toujours ça qu'il veut. C'est le jeu de Jan, son petit plaisir. Ses chaussures en similicuir noir sont éculées. Il a toujours le même éternel pantalon, la même éternelle chemise bleue, repassée, correctement glissée sous la ceinture. C'est sa tenue de travail.

À tout à l'heure, dit Jan. Et pense à ta ride de rêveur.

Je lui fais un signe de la main et je prends la petite route où circulent les trains sur pneus.

Je ne sais pas quelle histoire plairait à Jan. Que je partage ma vie avec une femme qui ne parle que des primevères qui poussaient derrière chez ses parents et qui, sinon, ne veut presque rien dévoiler de son enfance, qui a quitté la maison dès son apprentissage. Qui parle surtout avec les mains parce que chez elle, à l'époque, il n'y avait pas grand-chose à dire. Une histoire comme celle-là, peut-être, faite pour nourrir des inquiétudes, ou pas, car certaines choses sont ce qu'elles sont, englouties dans le temps, sans résonance.

C'est mon chemin vers la forteresse. Une cheminée moussue et poussiéreuse que j'escalade selon un tracé sinueux. Il y a longtemps que je ne suis plus revenu ici, il y a longtemps que je n'ai plus été engagé dans cette tranchée. En dessous, des gens circulent. Curieuse impression, de pouvoir ainsi les observer, à dix mètres à peine. J'entends leurs voix, leurs rires, sans qu'ils puissent imaginer qu'il y a là encore quelqu'un. Sous moi, la Ville-qui-n'en-est-pas-une apparaît. Je suis un petit ballon qui s'élève au-dessus de la forêt et des toits. Notre village est hors de vue. Le jardin d'enfants, la Petite, invisibles depuis ici, c'est comme si le monde auquel j'avais si longtemps aspiré m'avait abandonné. Mon pantalon est sale. Mon t-shirt est de plus en plus élimé. Chaque fois que j'entends des voix sur l'ancien chemin de ronde, en bas dans la forêt, je me fige, j'essaie de respirer plus doucement pour que personne ne me découvre. Je suis un danseur, je pose les pieds avec délicatesse, je ne crispe pas les mains, je ne fais qu'effleurer le grès. Quelques prises, et les murailles de la forteresse se dressent au-dessus de moi. Juste sous la courbure des remparts s'étend un replat. J'allonge les jambes, je m'adosse à la pierre. Je sens la forteresse dans mon dos, la masse énorme des bâtiments domestiques, de la caserne, de l'arsenal et des canons. De l'autre côté de la vallée, au-delà des toits du bourg, se dresse le rocher où j'ai essayé d'être foudroyé pendant que Vito m'attendait dans la forêt.

Je veux revoir le ciel, une bonne fois, avait dit Vito.

Je ne comprenais pas.

Je veux voir le ciel au-dessus des falaises.

J'ai regardé Vito. Impossible, ai-je pensé.

Vito était assis sur son lit, devant moi. Toujours maigre, mais ces dernières semaines, il me semblait translucide, une feuille à contre-jour, avec les nervures visibles en transparence. La lumière de l'après-midi filtrait à travers les rideaux blancs que sa mère avait accrochés depuis peu et qui rappelaient une chambre de malade. Mais peut-être étaient-ce les boîtes de pansements qui m'y faisaient penser, les rouleaux de sparadrap, les ciseaux chirurgicaux, le désinfectant. Nous faisions de la peinture, Vito le transparent et moi. Dehors, l'arrière-été se dilatait, brûlant et immense. Je transpirais. Vito transpirait. Et comme nous transpirions, son moignon semblait incandescent. Toutes les heures, sa mère venait le laver et le poudrer. Alors je devais sortir de la chambre. Vito ne voulait pas que je le voie ainsi. J'étais devant sa porte, sur le palier. Une fenêtre donnait sur notre falaise.

Ils avaient d'abord essayé de me tenir éloigné de Vito. Dès son retour de l'hôpital, je m'étais mis à me faufiler dans sa rue, je jetais des graviers contre sa vitre. Je déposais des fleurs sur sa boîte aux lettres. Des marguerites, des bleuets, des coquelicots – ce qu'offraient les bords des champs. Mais les parents de Vito me chassaient. Je voyais mes bouquets se faner sur le tas de compost. Parfois, Vito se montrait à la fenêtre, secouait la tête et pointait les doigts vers l'étage inférieur, vers la chambre à coucher de ses parents.

Vito était reparti pour deux semaines de cure, juste sur l'autre rive de l'Elbe. La première bourgade en amont était réputée. On y affluait de toute la République pour jouir du bon air et pour marcher jambes nues dans l'eau froide. On avait appris à Vito à bouger avec ce nouveau corps qui était le sien désormais – quand on sent encore sa jambe, alors qu'elle n'est plus là.

Deux mois après l'accident, Vito rentra définitivement. C'était le mois de juillet, la fin de l'année scolaire. Vito était au jardin, assis dans son fauteuil roulant. Sa mère le croyait trop faible pour quitter le périmètre de la maison. Ainsi, je voyais Vito assis près de sa mère. Sa petite sœur courait sur la pelouse, faisait la roue ou jouait toute seule aux boules. Elle compensait le mouvement qui manquait à Vito. Vito, pour sa part, lisait ou dessinait, et il me faisait des signes parce qu'il me voyait le guetter derrière la haie. La moitié des vacances était passée quand sa mère commença à l'emmener en promenade dans le village, en le poussant. On lui interdisait de se mettre debout, alors qu'il en était capable depuis longtemps. J'étais l'ombre de Vito, je me précipitais d'un arbre à l'autre, j'allais me tapir derrière les murs, les buissons, les voitures. Au début, la mère de Vito m'ignora. Lorsqu'elle me découvrait et que nos regards se croisaient, elle faisait comme s'il y avait quelque chose à voir derrière moi. Inquiet, je me retournais, sans jamais rien apercevoir. Où qu'ils aillent, dans la mesure où je le pouvais, je les suivais. Et je savais que le village me suivait. Les rideaux se soulevaient ou flottaient par les fenêtres ouvertes. Des têtes se montraient dans la pénombre, puis se cachaient. J'observais et j'étais observé. Un soir qu'il faisait chaud et humide, alors que les hirondelles volaient bas et que les moucherons formaient des essaims à contre-jour, je cessai d'être inexistant. Non loin de l'étang des pompiers, la mère de Vito s'arrêta. Elle actionna le frein pour immobiliser le fauteuil, me lança un regard, puis s'éloigna.

Dès lors, ce fut à moi d'aller me promener avec Vito. Aussitôt que nous étions hors de vue de sa maison, il empoignait ses béquilles et descendait du fauteuil. Les filles venaient le voir. Les garçons, curieux, tâchaient de le persuader de montrer sa jambe. Il ne parlait presque pas, se contentait de toiser les autres d'un regard perçant, comme s'il avait de la peine à comprendre exactement leur question. Les garçons ne tardèrent pas à trouver la chose ennuyeuse, peut-être même angoissante, sans l'avouer. Les filles étaient plus obstinées. Silencieuses et attentionnées, elles faisaient un bout de chemin avec nous. Vito recevait du chocolat ou même des petits objets bricolés. Il les empochait sans leur accorder un regard. À la maison, il offrait le chocolat à sa sœur. Un temps, j'ai cru que Vito allait m'envoyer au diable, mais les jours passant, je fus le seul à rester. Nous errions à travers le village ou nous nous installions au bord de l'étang des pompiers pour découvrir ce qu'il était advenu de nos têtards. De nouveau, à plat ventre sur le bord en béton, nous scrutions les roseaux. J'avais peur que Vito tombe à l'eau, il se penchait si loin. Encore le plus petit incident, et je ne le reverrais plus jamais. Je le savais. Et Vito le savait aussi, de toute évidence. Jusqu'à la fin des vacances, il n'arriva plus rien de grave. Un jour, nous avons acheté une limonade avant d'aller nous asseoir au bord de l'étang, comme nous l'avions imaginé. Nos regards se portaient au-delà de l'eau sombre comme au-delà d'une mer, et nous buvions par petites gorgées.

Tu crois que nos têtards s'en sont sortis? a demandé Vito.

Vers la fin des vacances, Vito avait repris quelques couleurs. Même à contrecœur, ses parents devaient reconnaître qu'il allait mieux depuis que nous avions recommencé à passer du temps ensemble. Ainsi, je fus à nouveau admis chez eux. Les parents de Vito ne m'adressaient pas la parole. Pendant nos jeux, ils ne m'apportaient jamais un verre d'eau, ni une seconde assiette avec des quartiers de pommes. À la nuit tombante, je rentrais chez moi comme un voleur, car c'est bien ce que j'étais: un voleur, qui avait pris la jambe de Vito. Pourtant mes parents voyaient la chose autrement: il y avait eu des bousilleurs. Des *bousilleurs.* Je remâchai longtemps ce mot sans le comprendre. Je savais seulement qu'il avait à voir avec les médecins qui avaient opéré Vito. Je savais aussi que quelque chose avait cloché. Mes parents faisaient de leur mieux pour m'expliquer que je ne devais pas me sentir coupable. *Bousilleurs* – un mot à sucer comme un bonbon, et la bouche se pénétrait d'un peu de douceur.

Vous avez été aussi nigauds l'un que l'autre, disait mon père. Vito est tombé de lui-même. Comme toi, tu aurais pu tomber.

Mais je pensais à la prise, à l'oreille bien découpée qui m'avait sauvé. Et je pensais que je n'avais rien dit. Allez savoir pourquoi. J'avais tenu ma langue. Et je n'en ai pas dit beaucoup plus quand l'école a repris.

Tous les matins, j'allais chercher Vito. Je le poussais à l'école où Jiři avait disposé deux vieilles planches contre la porte de derrière pour que je puisse accompagner Vito dans son fauteuil jusqu'à l'intérieur. Une fois dedans, il marchait avec ses béquilles, mais dehors, Vito préférait qu'on le pousse. Dans la classe aussi, il pouvait se lever et marcher, pour *activer la circulation dans les jambes*, ainsi que sa mère l'avait spécifié sur un billet à l'intention du maître. Quant à moi, je devais rester à ma place. À la moindre incartade, je recevais un avertissement. Dès la première semaine, j'eus deux annotations. La première page de mon carnet de devoirs tout neuf était barbouillée de rouge. Je n'en éprouvais aucune honte, et je ne redoutais pas davantage mes parents. Jusqu'à la deuxième semaine, je fus perplexe, ne comprenant pas ce qui m'arrivait. Les places avaient changé. Vito et moi étions assis aux deux extrémités de la classe, en diagonale. C'est ainsi que je découvris un mot nouveau. Influence. Je l'entendais prononcer furtivement quand les maîtres discutaient tout en surveillant la récréation, et qu'ils me désignaient et utilisaient ce mot, précisément: influence. Il me fallut quelque temps pour comprendre ce qu'il recouvrait, ou devait recouvrir. Si mes parents avaient parlé de *bousilleurs*, et si leur façon de prononcer ces syllabes me procurait une vague consolation, *influence* avait pour moi une saveur amère, qui me séparait des autres et pour un temps, à ce qu'il me sembla, de Vito lui-même. Pourtant, le jour arriva du premier appel au drapeau, à l'occasion de la rentrée des classes, et il s'avéra que Vito et moi, nous étions dans le même bateau, perdus loin au large. Les choses jadis familières n'étaient plus que des lumières lointaines, sur un rivage que nous ne pouvions même plus espérer rejoindre un jour.

Par une matinée torride de fin d'été, nous nous sommes rendus à l'appel. L'école entière était rassemblée au milieu de la cour. Au centre, le noyer, avec son feuillage si ample et si dense que parfois, quand il y avait du vent, je pensais qu'il allait tout simplement s'envoler comme un énorme ballon. Nous portions tous nos chemises de pionniers avec les foulards. Ceux des petits étaient bleus. Nous, les grands, nous en avions des rouges. Sur la manche, à hauteur d'épaule, était brodée la flamme éternelle de l'organisation des pionniers. Il fallait nouer les foulards d'une manière très précise, en sorte de laisser dépasser les pointes de dix centimètres de chaque côté du nœud, symétriquement. Le nœud lui-même demeurait caché. Par une manipulation habile du tissu, il était dissimulé sous une petite patte.

On avait eu sport à la première heure. J'étais resté dans les buts et pendant toute l'heure, je n'avais pensé à rien d'autre qu'à ce nœud. J'avais encaissé un but après l'autre. Les camarades m'en voulaient. Après la leçon, j'avais attendu devant les vestiaires des filles qu'une grande m'aide à refaire le nœud, même si cela ne devait pas me sauver.

Le maître de chimie fit démarrer le pick-up. Un grésillement se fit entendre dans les haut-parleurs qui avaient été apportés tout exprès dans la cour de l'école par les grands du mouvement de jeunesse. En imagination, je m'assis au bord de notre falaise et tâchai de plonger le regard sur le village. Nous étions alignés là, une classe après l'autre, dix par dix en file indienne. Le responsable du conseil de groupe de chaque classe brandissait un fanion, levé comme un étendard. Je me retrouvai dernier de la rangée. Devant moi, Vito dans son fauteuil roulant. On nous avait dit de nous tenir prêts. À quoi, nous ne le savions pas. Les récompenses pour bon apprentissage à l'école socialiste avaient été distribuées en fin d'année. À la Foire des champions de demain, nous n'avions aucun atout à abattre, face aux projets grandioses de garçons qui ne mettaient jamais le nez dehors et qui restaient toujours dans leur chambre à faire des constructions pour rafler des mentions. J'étais derrière Vito. À peine en dessous de mes yeux, le fouillis blond de ses boucles rutilait. Lorsque je me baissais derrière son dos et ses boucles, le moignon et les jambes disparaissaient de ma vue. Un instant, je pouvais imaginer qu'il n'était rien arrivé. Je réduisais le fauteuil roulant à un simple fauteuil. En sorte que pendant quelques minutes, tout était intact, dans ma tête.

Le directeur annonça les objectifs de l'année. Il compara notre école à une fabrique. Les ouvriers travaillaient, notre devoir à nous était de fabriquer les meilleures notes : rien que des 1. Notre production, c'étaient les examens que nous passions. Et ils avaient le pouvoir de rendre nos parents heureux, ainsi que nos grands-parents, nos oncles et nos tantes qui, tous, étaient des travailleurs. Grâce à ce pouvoir de rendre heureux, nos résultats aideraient tout le monde. Les joues de notre maître de chimie, derrière le pick-up, étaient cramoisies. Je ne savais plus sur quelle jambe me tenir. Mes pieds commençaient à brûler. En imagination, je filai à la dérive, je grimpai dans le ballon du noyer, m'élevai dans les airs. Vito avec moi dans la nacelle. Nous rejetions un sac de sable après l'autre, nous escaladions l'azur, toujours plus vite.

Je sursautai, écrasai le menton sur ma poitrine. Silence de mort. Très loin, j'avais cru entendre l'écho de mon nom. Il me fallut un instant pour m'apercevoir que ce silence me concernait. Je sentis les regards, je vis les cous des fayots pivoter à moitié, ils auraient bien voulu regarder, mais n'osaient pas tourner la tête trop ouvertement. C'est Vito qui renversa la tête en arrière en disant que nous devions aller devant. Je saisis les poignées du fauteuil. Vito n'avait pas apporté ses béquilles. La place de l'appel était couverte d'un amalgame de gravier, de poussière et de boue. Vito enserrait fermement les accoudoirs entre ses mains et ses avant-bras. Je poussais de toutes mes forces. Les maîtres nous examinaient sans cacher leur curiosité. Les élèves étaient de plus en plus nombreux à oser tourner la tête. Sous ma chemise de pionnier, la sueur dégoulinait sur mon ventre.

Il fallait quasiment faire le tour du noyer pour arriver près du directeur. Alors que nous l'avions presque rejoint, une des roues heurta un gros caillou et resta bloquée. Le fauteuil bascula. Vito tomba en avant dans la poussière. Certains ricanaient. D'autres étaient muets. Je remis le fauteuil d'aplomb. Puis je saisis Vito sous les aisselles, le hissai sur le siège. Des graviers s'étaient enfoncés dans ses paumes. Il ne dit rien, et je n'osai pas lui demander s'il s'était fait mal. La monitrice des pionniers se précipita à mon secours. Et puis nous nous sommes retrouvés juste à côté du directeur, un homme corpulent que la chute de Vito, visiblement, avait déconcerté. Il roulait nerveusement le papier qu'il avait à la main. Il posa les yeux sur moi, puis sur Vito, sans soutenir nos regards quand ils croisaient le sien. Il se racla la gorge et prit la parole. Je gardais la tête basse, ne relevant les yeux que de loin en loin. Devant nous, l'école entière. Vito affalé et sale dans son fauteuil. Moi, tâchant de garder contenance. Les filles de notre classe chuchotaient. Je crois que quelques-unes pleuraient. Le directeur a dit ce qu'il avait à dire, combien nous avions failli à ce qui aurait fait de nous de bons pionniers. Vito n'aurait désormais plus qu'une jambe, pour le reste de sa vie. Il me faudrait désormais en porter la responsabilité, pour le reste de ma vie.

Un grésillement. Notre maître de chimie avait abaissé le bras du tourne-disque. La musique se mit à tonitruer. L'appel était terminé. Tous regagnèrent l'école. Personne n'osait s'approcher de Vito et de moi. Pendant quelques minutes, nous sommes restés seuls au milieu de la cour, sous l'immense noyer. J'avais posé les mains sur les épaules de Vito, j'écartais le buste en arrière pour que mes larmes ne tombent pas sur Vito. Je pensais que maintenant, j'allais grimper avec Vito tout là-haut dans les branches et m'envoler. Mais l'arbre ne bougeait pas. C'étaient les autres qui s'envolaient, détendus, légers, ils regagnaient leurs classes où les attendaient peut-être quelques vocables inconnus, quelques devoirs plus ou moins difficiles, et rien de plus.

C'est par un jour de septembre venteux, mais chaud, qu'avec Vito nous sommes montés sur notre récif pour revoir le ciel. Je ne pouvais pas porter Vito jusque tout en haut, jusqu'à la girouette en fer blanc. Mais au moyen d'un fil de pêche et de deux boîtes de conserve, j'avais fabriqué un téléphone. Je regarderais pour Vito. Mes yeux seraient les siens et de même qu'à la radio, le reporter décrivait sans reprendre haleine chaque passe des matchs de football, j'avais l'intention de rapporter à Vito tout ce que je voyais, seconde après seconde. Je voulais lui raconter les ombres qui descendaient sur la plaine entre les falaises, la poussière au-dessus des champs, la fumée qui s'échappait des hautes cheminées de la fabrique de papier. Il devait voir, non, il devait sentir ce que je voyais. Un saut en arrière, un retour vers les longues soirées oisives du printemps, quand nous nous occupions des têtards, et vers l'époque où dans nos têtes, nous accomplissions les escalades les plus téméraires. Ce devait être une surprise. J'ai donc laissé le téléphone rangé dans mon sac à dos tant que nous sommes restés assis au bord de l'étang des pompiers. C'était jeudi après-midi et nous faisions l'école buissonnière. La chose avait été scellée d'une limonade la semaine précédente, ici même, à l'ombre des roseaux.

Quatre semaines avaient suffi pour nous amener, sinon à haïr, du moins à détester nos maîtres. Il y avait ceux qui se noyaient dans la pitié, ceux qui faisaient mine de rien, et les troisièmes enfin qui nous prenaient pour de parfaits imbéciles. Seul Jiři croyait en nous. Chaque fois que nous apparaissions, il avait un petit service à nous demander. Une tâche alibi, un prétexte pour causer un peu.

Tiens-moi cette binette une minute, disait-il à Vito, ou alors il nous envoyait fermer la porte de derrière, à la salle de gymnastique. Que ferais-je sans vous, disait-il en nous glissant dans la main quelque chose qu'il croyait que nous apprécierions, nous, les garçons. Quelques miettes de tabac, quelques allumettes ou parfois même, arraché à un journal, le portrait d'une actrice qu'il devait trouver jolie. C'est ainsi que nous collectionnions un objet après l'autre. Les trésors de Jiři, disions-nous. Un jour, j'eus le courage de lui demander si je pouvais emprunter une brouette au jardin de l'école. Je racontai à Jiři comment, avant l'accident, nous allions en forêt avec Vito, comment nous habitions dans notre ville de roches, et que je voulais y remonter avec lui, une fois. Mais pour Vito, marcher aussi loin était impossible. Avec ses béquilles, il se fatiguait vite, et sur un terrain inégal, le fauteuil roulant était une catastrophe. Voilà pourquoi j'avais pensé à la brouette de l'école, avec son gros pneu bien gonflé. C'était exactement ce qu'il me fallait.

Si ce n'est que ça, avait dit Jiři.

Un jour, après l'école, il m'en avait apporté une et il m'avait montré dans le hangar une niche où je pouvais la ranger afin qu'il ne la distribue pas pendant les heures de jardinage. Pendant une heure blanche, je la nettoyai à l'aide d'un tuyau d'arrosage et d'une brosse, jusqu'à ce que la cuve ne contienne plus le moindre grain de terre. Tout reluisait, métalliquement pur. Le jardin se trouvait à deux cents mètres de l'école sous une rangée de tilleuls. En dehors des heures d'enseignement, les parterres étaient délaissés. Les sentiers se coupant à angle droit, les bordures des carrés et des platesbandes délimitées par des ficelles tendues. Partout, des petits écriteaux pour indiquer ce qui poussait où.

Ainsi, j'avais tout planifié. Construit le téléphone. Préparé la brouette. J'ai dit à Vito d'attendre. Que je devais passer au jardin, en vitesse.

Je croyais qu'on séchait, dit-il.

Sûr, j'ai répondu, mais tu voulais quand même revoir le ciel.

L'après-midi feulait à ma rencontre. Les rues comme de larges bouches de poêle, béantes. Nous avions bien choisi notre journée. Les nuages traversaient le ciel au galop. Une caravane sans fin, blanche et grise. J'ouvris le portail bas qui menait au jardin pour aller chercher la brouette dans le hangar. Un instant, j'ai eu peur d'être découvert, mais il n'y avait personne. L'école était un peu plus loin, masquée par les tilleuls. Je refermai le portail et me hâtai de rejoindre Vito. Comme si souvent, il était couché à plat ventre sur le rebord de béton, scrutant les profondeurs, plongeant de temps en temps les mains dans l'eau, comme en quête de quelque chose.

On y va, dis-je à Vito qui recula du bord et se redressa en prenant appui sur les mains.

On y va où ? Il regardait la brouette.

Minute ! repris-je en sortant de mon sac à dos la courtepointe de notre divan et deux petits coussins. Je déployai la couverture dans la benne métallique et disposai les coussins contre le bord. Je sentais dans mon dos le regard de Vito.

Je ne suis quand même pas une fichue motte de terre, dit Vito.

Mais tu veux aller jusqu'à la falaise, et avec ton fauteuil, on n'y arrivera jamais.

Vito fixait la brouette, sans bouger. Il repoussa ses cheveux en arrière, une bourrasque les lui rabattit sur le visage. Je voyais ses yeux étinceler derrière les mèches, je le voyais hésiter.

Espèce d'idiot, dit-il. Et il monta.

Le village fut bientôt derrière nous. Vito trônait dans la brouette, étonnamment sûr. J'empruntai les chemins dérobés, entre jardins et haies. Nous redoutions de croiser quelqu'un – pas seulement parce que nous faisions l'école buissonnière. Ils étaient nombreux, ceux qui surveillaient nos moindres faits et gestes. Certains avaient pitié de nous. Certains nous snobaient. Mais ce jeudi-là, nous n'avons croisé aucun de ceux qui jasaient, qui chuchotaient par-dessus la clôture et qui tendaient la tête dans notre direction. Nous n'avons croisé aucun de ceux qui nous auraient dénoncés à l'école ou auprès de nos parents. Je me suis mis à transpirer après quelques virages déjà. Mes bras étaient lourds, mais nous avons réussi à sortir sans incident en pleine campagne, cap sur la forêt. Je ne m'arrêtai que sous le grand tilleul pour me reposer un instant. Le vent s'était un peu calmé. Vito, assis dans sa brouette, ne lâchait pas le village des yeux. Je crois que depuis son retour de cure, il ne l'avait pas quitté. Il sortit ensuite de sa poche une boîte écrasée que je n'identifiai pas tout de suite comme un paquet de cigarettes.

De Jiři, dit Vito.

Il en extirpa deux cigarettes terriblement froissées et tordues, quatre allumettes et pour les frotter, le côté déchiré d'une boîte d'allumettes.

Deux essais chacun, dit Vito.

Il se fourra une cigarette dans la bouche et me tendit le débris de frottoir. Je m'efforçai de le tenir d'une main ferme tout en l'abritant de l'autre. Vito se pencha. Il gratta l'allumette. J'entendis la flamme siffler, mais déjà, elle était éteinte. Nous n'avons rien dit. C'était mon tour. Vito a essayé de serrer ses mains plus fort. Je me suis penché plus bas, mais à nouveau, nous avons entendu la flamme sans la voir, sans trouver une seconde pour approcher la cigarette de l'allumette. Il aurait fallu être assez bête pour faire un nouvel essai.

J'avançai aussi loin que possible. Marcher vite était fatiguant, mais marcher lentement prenait du temps, et mes bras s'alourdissaient de minute en minute. Vito siégeait comme un petit roi dans la brouette. Ses cheveux flottaient autour de sa tête. Quand le soleil se montrait derrière un nuage, quelques taches isolées surgissaient dans la forêt, comme éclairées par un projecteur. La lumière papillonnait. J'avais l'impression que le paysage était en mouvement autour de nous, que les rochers, les arbres bougeaient.

Mais comment veux-tu que je monte par ici ? demanda Vito.

Notre roc se détachait contre le ciel. Les pins étaient comme découpés dans du métal. À la lisière de la forêt, je reposai la brouette. Nous nous sommes retournés pour contempler le village, l'école où nos camarades se penchaient sur leurs cahiers. J'avais cru que sécher les cours nous mettrait en quelque sorte mal à l'aise. Mais nous nous sentions parfaitement heureux, avec Vito, à la lisière de la forêt. Dans notre dos, l'océan des feuillages où nous allions nous enfoncer pour rejoindre notre récif qui se dressait au milieu. Je poussais de toutes mes forces. Le sol était sablonneux. La roue oscillait. J'étais essoufflé, sinon j'aurais siffloté. Vito regardait droit devant lui. Je lui trouvais l'air fier. Un capitaine pendant une grande traversée. Le terrain devenait pentu. Le chemin, plus étroit, serpentait entre les blocs de rochers que nous connaissions si bien. Notre ville de roches. Avec le même élan que j'avais eu pour pousser Vito à travers la forêt, je levais maintenant les yeux vers ces blocs et je compris brusquement que ce temps était passé, que je ne pourrais plus jamais faire d'escalade avec Vito. Je dus m'arrêter, je me frictionnai les bras. Vito ne se retourna pas. Impossible de gravir les derniers mètres qui menaient au pied de la paroi. Le sentier touristique débouchait sur quelques marches. Même en la poussant à côté de ces marches, impossible d'avancer d'un centimètre avec la brouette.

Maintenant, c'est à toi, dis-je à Vito.

Je l'aidai à sortir de la benne et lui fourrai une béquille dans la main gauche. Il glissa son bras droit autour de moi. Je me chargeai du sac à dos posé à côté de Vito dans la brouette.

Nous n'avons pas suivi les marches du sentier touristique sur lequel, au printemps encore, nous avions porté précautionneusement nos bocaux avec les têtards. À cinquante mètres, j'avais repéré un endroit qui me paraissait convenir à notre projet. Les boîtes de mon téléphone étaient reliées par un fil de pêche qui ne devait rien toucher, ni la moindre arête rocheuse, ni un buisson ni un arbre, sous peine de ne pas fonctionner. J'avais testé ma construction avec mon père, en plein champ. Tout avait marché à la perfection, quoique le fil fût assez long. Je pressais la boîte en fer blanc contre mon oreille et j'entendais mon père chuchoter :

Tu m'entends. Tu m'entends. Viens par ici, s'il te plaît.

L'inquiétude que l'on percevait si souvent dans sa voix ces dernières semaines semblait avoir tout à coup disparu. Nous nous faisions face sur le pré. Il parlait sans cesse dans sa boîte en gesticulant, de loin. C'est qu'il l'était aussi pour moi, lointain, comme relégué dans un monde révolu. Ma mère, mon père, je les avais laissés loin derrière moi. Je faisais des signes, je levais le pouce et sans cesse, j'entendais mon père.

Ça fonctionne. Ça fonctionne. Bravo, tu as réussi.

Je me demandais bien qu'est-ce qui aurait pu ne pas fonctionner, avec ces deux boîtes fermées d'un film de plastique, mais mon père était tout feu tout flamme. Peut-être pensait-il qu'après l'accident de Vito, j'étais en passe de retrouver assez de liberté intérieure pour m'occuper autrement, et que je recommençais à prendre des initiatives pour mon propre compte. En fait, je n'avais que Vito en tête, Vito, dont la sueur, à côté de moi, perlait dans les cheveux. Le terrain était raide jusqu'au pied de l'à-pic. Nous marchions courbés en avant, pour ne pas risquer de perdre pied et déraper en arrière jusqu'en bas de la pente. Vito était essoufflé, il ne posait plus de questions. Il se fiait à moi. Parfois il jurait tout bas, quand sa béquille s'enfonçait dans le sol forestier et qu'il était sur le point de perdre l'équilibre. Alors il m'enserrait de son bras droit et j'étais surpris de cette force qu'il avait retrouvée.

Quand nous avons atteint le pied de la falaise, j'ai déballé une gourde, deux petits pains et deux saucisses. J'hésitais à sortir le téléphone. Vito a aperçu les deux boîtes, et aussi le fil de pêche.

Tu as volé ça à la physique ?

Je secouai la tête.

Je l'ai construit pour nous.

J'expliquai à Vito mon idée, que je voulais voir pour lui, que nous ferions comme à la radio. Je serais le reporter et lui pourrait tout vivre en simultané. J'avais toujours redouté ce moment. Je pensais que Vito, peut-être, allait me rire au nez. Mais rien de tel. Nous étions assis dans le sable chaud, les jambes allongées. Trois jambes et demie.

Va rejoindre ton poste, alors, dit Vito.

Il s'empara d'un petit pain et d'une saucisse. Je fourrai une boîte sous mon t-shirt, par l'encolure. Je laissai la seconde dans le sac à dos, à côté de Vito. En mordant dans son petit pain, il me regardait, l'air ravi de ne pas avoir à grimper par cette tranchée que j'avais choisie parce qu'elle menait vraiment tout droit vers le sommet, et que le fil de pêche pourrait y courir de bas en haut sans obstacles.

Lorsque j'entrai dans la cheminée, le soleil disparut pour la première fois et pour longtemps. L'angle où Vito se tenait était à peu près abrité, partout ailleurs j'entendais le vent siffler dans les fissures et autour des éperons. Je frissonnais dans mon t-shirt. Je sentais contre ma peau nue le métal de la boîte. Elle brimbalait contre ma poitrine tandis qu'en bas, dans le sac à dos, le fil de pêche se déroulait à chaque mètre que je gagnais en hauteur. L'escalade n'était pas difficile, une cheminée confortable qui grimpait tout droit, légèrement en oblique. J'étais calé assez commodément entre un côté et l'autre. Devant, j'appuyais les jambes contre la roche et je me hissais à l'aide des mains. De là où se trouvait Vito, je devais ressembler à une chenille qui se propulsait lentement vers le haut. Bientôt, notre village surgit, puis le monde tout autour et derrière. Champs, forêt, prairies. Au-dessus, des nids d'aigle et des collines boisées, et tout là-bas dans le lointain, les volcans éteints des hauts-plateaux de Bohême centrale. La visibilité était exceptionnelle. Des nuages volaient au dessus de moi. Ici ou là, ils se bousculaient pour former de noirs fronts orageux. Lorsque j'arrivai en haut, le premier éclair fulgura du côté des monts Métallifères mais j'y fis à peine attention. Vito, tout en mâchonnant, m'avait suivi des yeux. Lorsque j'émergeai au sommet, je dégageai la boîte de mon t-shirt et je la brandis pour lui signaler que nous pouvions commencer.

On a la vue, ici en haut. On peut voir assez loin, jusque chez les Tchèques, là-bas en face, dis-je.

J'imagine, dit Vito. Et sinon ?

À l'école, toutes les fenêtres sont fermées, peut-être qu'il y a trop de vent.

Parle plus fort, dit Vito. Et trouve quelque chose d'intéressant à raconter.

Sa voix et le bruissement des rafales se fondaient en un chuchotement étrange, comme si le monde lui-même voulait parler avec moi, comme si la voix de mon ami me parvenait d'un éther informe, d'on ne savait où. Il y eut un nouvel éclair et pour la première fois, j'entendis aussi le tonnerre dans le lointain.

Qu'est-ce qui se passe autour de toi, là-haut? demanda Vito.

Ça tonne un peu.

Effectivement, les nuages couraient au-dessus des champs. Des taches éblouissantes alternaient avec du bleu sombre ou avec du gris, au passage des ombres. Tout à coup le village s'éclaira, flamba, comme désigné par un rayon de soleil poudroyant.

Ça y est, la foudre est tombée, dis-je.

Où çà?

Du côté de l'école. Ça doit être la salle de gymnastique.

J'appuyai la boîte contre mon oreille. Je voulais entendre Vito, s'il disait quelque chose.

Raconte, raconte, l'entendais-je murmurer. La ficelle, longue comme elle l'était, n'assurait pas bien la transmission, mais j'entendais ou sentais l'excitation frémir dans la voix de Vito.

Encore un coup, dis-je. Ça brûle, à présent. Le toit a pris feu. Je le vois briller comme quand on fait de la peinture à l'école, et qu'il faut que ça ressemble à des flammes. Tout orange, tout jaune. Éventré, le toit. Les flammes dévorent tout.

Autour de nous, les craquements étaient inquiétants. Le vent, en revanche, s'était brièvement assoupi. Au-dessus de moi, les nuages travaillaient. Je pouvais les voir se gonfler ici et se dégonfler ailleurs. Ils avaient l'air de se précipiter sur moi, on aurait dit qu'ils chutaient à une vitesse folle.

Terrible, criais-je dans le téléphone. Terrible, Vito. Notre école brûle sous nos yeux. Je vois les pompiers arriver.

Mais je n'entends pas les sirènes, cria Vito, d'en bas. Même sans téléphone, je comprenais chaque mot.

Merde, Vito. Je vois les classes agglutinées comme des fourmis. Sauve qui peut. Et les éclairs claquent. Et avec le vent, ça chauffe encore. Une muraille de feu. Tout sera dévoré, dis-je. À présent, c'est le Konsum qui est loin. Les roseaux. Les tilleuls.

Je fis sombrer notre village sans remarquer l'orage qui se dressait devant moi, qui fondait sur moi. J'enfonçais les yeux dans les rouleaux noirs des nuages, je me disais pourquoi pas, pourquoi pas. Je me disais : Maintenant, ce n'est plus une histoire que je raconte, maintenant, le monde est comme je veux.

Éclairs, criais-je. Éclairs, et maintenant : tonnerre. Et maintenant : vent. Tempête.

Depuis longtemps, j'avais rejeté la boîte du téléphone, je levais les bras et j'accueillais l'orage de toutes mes fibres. Les premières gouttes tombèrent, je m'assis et je m'offris à la pluie. Des gouttes lourdes, grosses, qui me frappaient dans les cheveux et dans le cou, cela me faisait rire. Et quand on était assis par terre, comme moi, on pouvait sentir le tonnerre, pas les éclairs, mais le tonnerre. Il y avait une beauté si terrible, à sentir vibrer le rocher, que je m'allongeai. C'était une mauvaise idée, bien sûr. Je le savais. Un jour, tout un troupeau de vaches avait été tué. La nouvelle s'était répandue parmi nous, les enfants, comme une traînée de poudre. Des vaches couchées sous le chêne, près de l'étang, avec des contorsions bizarres. J'avais demandé à mon père comment c'était possible, puisque la foudre ne tombe pas sur les vaches elles-mêmes, comment il se pouvait qu'elles soient toutes mortes. Mon père me l'avait expliqué. Je l'avais oublié sur-le-champ. Je savais seulement qu'en cas d'orage, il faut rester assis, les pieds ramenés contre le corps. Mais à ce moment-là, sur notre récif, je m'allongeai. Vito n'avait plus sa jambe. Et je voulais que la foudre frappe, mais elle ne le fit pas. Je vis l'orage s'éloigner vers l'est, par-dessus la plaine et les falaises. Les éclairs jaillissaient des nuages, comme s'ils griffaient l'étendue. À un moment, ce fut terminé. J'entendis Vito crier en bas, dans la forêt. Il avait froid et il voulait rentrer.

Il me faut un moment pour comprendre où je suis. Le soleil a poursuivi sa course. Je frissonne. En haut, quelqu'un crie qu'on apporte une corde. Je lève les yeux vers la courtine, je vois des gens penchés par-dessus le parapet. Je pose les mains sur mes hanches. Ceux qui ne me regardaient pas se penchent à présent dans ma direction. Des visages plus nombreux surgissent. Encore quelques secondes, et j'ai retrouvé toute ma lucidité. Je redescends du petit palier sur lequel je me suis endormi. Je dois passer de l'autre côté de la cheminée pour franchir le parapet et accéder à l'intérieur de la forteresse. D'en haut, mon escalade doit sembler téméraire. J'entends les gens murmurer mais je ne lève pas les yeux. Je reste maître de mes mouvements, maître du vide béant entre mes pieds. Je sautille pour gravir l'entablement à l'extrémité supérieure duquel s'engage la maçonnerie du parapet. Je sais ce que ressentent ceux qui regardent de là-haut. On voit une silhouette nettement découpée qui se détache sur l'abîme vertigineux. Les points par lesquels le corps est relié au monde semblent minuscules. C'est ce que les gens voient d'en haut. Mais le grès est rêche, sous la plante des pieds, les prises sont petites et franches. Encore deux passages qui doivent avoir l'air périlleux, à en croire le silence, et je saisis le bord inférieur du rempart entre mes doigts, comme avec une pince. Vivement, j'empoigne la tige de fonte qui relie tous les créneaux. Le paratonnerre aussi, est une aide. Un petit élan, et je me retrouve sur le terre-plein. Les gens reculent. Je tapote la poussière qui me recouvre et me dirige vers la sortie. Les gens font la haie. Ils causent, ils me regardent, mais je ne me soucie pas d'eux. Je sais que je suis en retard.

Depuis trois mois que nous vivons au village, j'ai toujours aimé être allongé tout éveillé à côté de Christina qui dort si profondément que je l'entends à peine respirer. Dehors, le vent s'active. Le vent nocturne qui ne souffle qu'au village, ici en haut. Ce n'est pas une douce brise, ni une brusque bourrasque. Les feuilles des fruitiers remuent sans violence. C'est un grand froissement paisible. Puis une pause. Puis un nouveau froissement. Le vent est plus mouvement que bruissement. Je l'entends, mais surtout, je pense aux feuilles qui se retroussent, d'un côté, de l'autre. C'est le vent du village, celui que je connaissais dans mon enfance. Je pensais qu'il ne venait au jardin que pour moi, s'engouffrant ensuite dans les frondaisons devant ma fenêtre. Presque comme un animal, me semblait-il, un animal qui cherchait ma présence. Quand je suis allongé, éveillé, à côté de Christina, je la regarde un moment, j'écoute et je regarde. Puis je me lève en faisant le moins de bruit possible et je vais voir notre Petite, dans la chambre contiguë. Je me couche par terre à côté de son lit et je m'imagine comment ça doit être, d'être un enfant, comment ça doit être, d'être petit, ici dans cette chambre, à l'ombre des arbres fruitiers.

Aujourd'hui, personne n'est allongé à côté de moi. Christina m'a laissé le lit. Je ne veux pas aller dans la chambre de la Petite où Christina dort elle aussi, sur un matelas pneumatique hâtivement gonflé. Elle est revenue dans notre chambre, elle a sorti un drap de l'armoire, emporté sa couette. Christina n'a jamais eu de problèmes d'insomnie. Elle ne va pas rester réveillée comme moi. Sa respiration sera calme. Et sans doute n'y a-t-il plus rien à discuter pour aujourd'hui. Je suis arrivé en retard, je n'ai pas pu aller chercher la Petite. Les éducatrices ont téléphoné à Christina. L'une d'elles a pris la Petite chez elle. Christina est ensuite allée la chercher en voiture.

Si tu savais le souci que je me suis fait, a dit Christina. Pour toi, espèce d'idiot. Pour toi.

Jan avait déjà terminé son dernier tour et il ne me restait plus qu'à rentrer au village en courant. Dix kilomètres. J'ai foncé devant la caisse de la forteresse. J'ai dit: Écoutez, il faut absolument que j'aille au jardin d'enfants. Les caissières, derrière la vitre, m'ont laissé passer comme on laisse passer quelqu'un qui débloque un peu. J'ai pris ma course. À la descente jusqu'à la Ville-qui-n'en-est-pas-une, puis à la montée jusqu'au village. Dix kilomètres. Mon enfance villageoise à mes trousses, puis l'autre enfance, dans l'immeuble en préfabriqué. Mes parents à mes trousses, Christina et la Petite. Le mal du pays à mes trousses, la solitude croissante, au point de chercher à retrouver Vito, et d'entraîner Christina jusqu'ici, dans un tourbillon de pommiers et de ciel. Tout cela à mes trousses. J'ai couru jusqu'à ne plus savoir que je courais. Les vieillards du bourg ont dévissé la tête. Quel événement. Je sais qu'ils en parleront encore longtemps. Entre les maisons, j'ai heurté un tesson, mais il fallait courir. Monter la côte, longer le terrain de football, jusqu'au jardin d'enfants fermé depuis longtemps. J'aurais dû le savoir. Les éducatrices me fusillaient du regard chaque fois que j'arrivais à six heures moins cinq. Elles voulaient terminer leur journée à l'heure. Et maintenant, une chose pareille. Six heures et demie avaient sonné quand j'ai appuyé sur la poignée. En définitive, il valait mieux que personne ne me voie. Ma chemise était trouée sur les omoplates. Des fils blancs pendaient le long des déchirures de mon jeans. Mes mains se sont glacées d'angoisse, j'ignorais où était la Petite. J'ai pensé que quelqu'un attendait chez nous, à la maison. De loin, j'ai essayé de lorgner à travers les buissons pour apercevoir peut-être la Petite. Le bac à sable, vide, la balançoire, vide. Le mildiou luisait doucement dans les arbres. J'ai vu les framboises. Elles m'ont semblé de feu, enragées de douceur. Et je me suis mis à manger, je les arrachais des rameaux, si vite que j'en écrasais la plupart. Je mangeais, mangeais à n'en plus pouvoir, le jus me dégoulinait aux coins des lèvres. C'est alors qu'est arrivée Christina, la Petite à la main. Mais c'est moi qui étais l'enfant, avec ma bouche maculée de framboises et mes habits déchirés.

À présent, je suis dehors, devant la maison. Le ciel entier rempli d'étoiles. Notre maison est obscure, un étranger qui passerait croirait qu'elle est abandonnée. Non, elle ne l'est pas. Dans ce grand écrin reposent Christina et la Petite. Je sais qu'elles sont là, dans cette maison qui est la nôtre, que j'ai toujours désirée. Étrange pensée, cette quantité de pierre que nous empilons, de verre et de bois. Et rien que deux petits êtres, dedans. Deux corps souples. Et avec ces corps, la foule de ceux qui viennent à nous en pensée ou en rêve. J'ai si longtemps pensé à Vito que j'ai l'impression d'avoir réellement été chez lui. Peut-être que oui. Peut-être que non. De même que la montagne, ici, est formée de sable, je me représente chaque pensée que je consacre à Vito comme une fine strate de poussière. Et encore une de plus. Et encore une de plus. Peu à peu, l'idée atteint une masse suffisante pour être perçue comme un souvenir. Je suis allé chez Vito. Oui, j'y suis allé. Quand? Je n'en sais rien, mais quelque chose me dit que si, que c'est *juste.* Je peux reculer dans le temps, je peux revoir le film de notre rencontre, nous deux assis sur le pont du chemin de fer, espérant que le déplacement d'air des trains ne va pas nous souffler loin du bord. Le grand tremblement des wagons et de la locomotive qui, parfois, pousse le train au lieu de le tirer. Le tremblement, alors, ressemble au tremblement du tonnerre sous mon dos quand j'étais couché sur le rocher et que je voulais être foudroyé. Pourquoi ne devrais-je pas avoir été chez Vito si le tremblement, dans le souvenir, est le même ? Une vibration dans tout le corps, celle du tonnerre autrefois, celle des trains dans mon dos il y a quelques jours. Ou sinon, quand ai-je revu Vito ?

C'est notre deuxième tour de l'après-midi, avec Jan. La montée, puis la descente, nous roulons. Avec nous, pour ce tour, un jeune couple. Je m'efface pour laisser descendre les deux passagers, me lève du siège en rotin, que Jan a placé à mon intention à l'endroit habituel. Voilà, j'ai une histoire pour toi, dis-je à Jan qui prestement, fixe la chaînette derrière moi pour empêcher les gens de monter trop en avance avant le prochain départ.

Je suis descendu jusque chez Vito, j'ai sonné, puis frappé encore. Il a fallu un moment pour que Vito ouvre la porte. Même si le soleil brillait ce jour-là, la lumière ne déferlait pas en rubans poussiéreux par les fenêtres. Tout au fond de l'atelier, profond comme une salle de classe, se dressait une table. À droite, Vito s'affairait devant un bloc de cuisine. L'atelier était légèrement en contrebas, comme dans une cuve. J'ai vu un tour et un établi avec un étau. Presque tous les murs étaient masqués jusqu'au plafond par des rayonnages sur lesquels étaient posés du bois, des outils, ici ou là un livre ou un journal. Tout était rangé et propre, peut-être un peu trop propre pour un espace de travail. Deux armoires poncées me faisaient face, éclatantes de blancheur. À côté du bloc de cuisine j'ai repéré une porte, fermée. Je parcourais les lieux du regard, j'avançais lentement. Il aurait encore été facile de faire demi-tour et de ressortir. Vito s'activait devant le fourneau. Il me restait une demi-minute. Peut-être. Ensuite, notre histoire recommencerait. Ensuite je ne pourrais plus me dérober. J'ai humé le bois. Et cette odeur m'a semblé lumineuse, si cela peut vouloir dire quelque chose. Je me représentais cette odeur de bois comme une poussière fine que j'inhalais, comme une poudre magique qui affluait dans mes poumons à chaque respiration, comme si je pouvais aspirer en moi l'atmosphère de l'atelier et avec elle, tout ce qui était arrivé à Vito durant toutes les années où nous ne nous étions pas vus. Je voulais absorber ce que j'avais manqué, ce que tous les deux, nous avions manqué. À la fin, je me suis aperçu que je poussais un soupir.

Vito avait posé une des petites cafetières italiennes sur la cuisinière.

Tu aurais bien pu apporter quelque chose, a-t-il dit. Le voilà qui se ramène les mains vides. Autrefois, au moins, tu m'apportais des bouquets de fleurs.

Que tes parents jetaient au compost.

C'est bien là qu'était leur place.

La voix de Vito résonnait comme s'il souriait en parlant. Il s'est retourné, avec son visage fin, et ses boucles m'ont paru encore plus tire-bouchonnées, encore plus indomptables. Nous étions debout l'un en face de l'autre et nous nous examinions sans la moindre gêne.

Tu es devenu sec, a dit Vito.

Et toi tu es toujours le même, j'ai dit, sachant déjà que c'était une monstrueuse bêtise. J'ai baissé les yeux, et j'ai vu une des jambes du pantalon nouée au-dessous du moignon.

Le café commençait à monter.

Éteins quand il aura fini de monter, a dit Vito.

Vito a placé les béquilles sous ses aisselles. La jambe nouée se balançait de-ci, de-là. Il s'est dirigé vers la porte située à côté du bloc de cuisine. Par l'entrebâillement, j'ai aperçu une autre porte, ouverte, et derrière, un lit avec des draps blancs et un dessus-de-lit rouge. J'ai entendu Vito fureter dans une armoire pendant que j'éteignais la cuisinière et versais le café dans les tasses. Il y avait sur la table une de ces revues que l'on trouve partout ici. Avec des photographies de la Deuxième Guerre mondiale et des titres en caractères gothiques. Vito est revenu avec un paquet de sucre. Il a surpris mon regard, il a pris le magazine et l'a jeté à côté de l'évier. Je m'étais attendu à tout, que Vito me fiche dehors, que nous nous battions ou qu'il ne me laisse pas du tout entrer. Au lieu de quoi il me tendait le sucre et le lait, comme si j'étais un client auquel il aurait servi un café en l'honneur d'une armoire neuve.

Nous étions assis l'un en face de l'autre. Une fois le lait versé et le sucre mélangé, nous sommes restés silencieux. Nous nous jaugions comme des boxeurs avant le premier coup. J'avais compris qu'il n'y avait pas d'enfants pour lesquels Vito aurait fabriqué des jouets.

J'ai dit: Tu te rappelles, quand on a roulé dans le fossé avec le vélomoteur et la remorque?

C'est toi qui as foncé dedans, a rétorqué Vito. Et puis tu t'es barré.

J'ai regardé Vito, le pensait-il vraiment? Il m'a rendu mon regard.

Pour se barrer, ce sont mes parents, pas moi. Qu'est-ce que je pouvais faire d'autre ?

Revenir.

Je suis quand même ici, maintenant, non ?

Maintenant, oui, a dit Vito. Et ta femme et ta Petite. Là-haut, dans la maison de la vieille Kosel.

J'ai levé les yeux.

Là je t'étonne, pas vrai ? Tu veux que je t'en dise plus ? Le voilà qui revient par ici et il croit que je n'en sais rien. Laissez-moi rire.

Vito prenait une gorgée de café en retenant un sourire.

Des mains habiles, ta Christina, ça oui.

J'ai senti mes mains se contracter pour faire le poing, ma cuisse se tendre sous la table, j'étais prêt à bondir. Il m'avait fallu un moment, mais à présent, une idée se faisait jour.

C'est comme ça, a dit Vito. J'ai donc fait la connaissance de ta femme avant de te rencontrer.

Vito s'est levé et s'est mis à s'affairer dans l'atelier. J'étais assis, les yeux baissés, fixant le reste de mon café.

Je sais que les mains de Christina sont tout à fait neutres, qu'elles touchent chacun. Moi, je ne comprends pas du tout comment on peut toucher quelqu'un et faire en sorte que cet attouchement soit quelque chose de mécanique. L'être humain comme un système d'actions et de réactions. On ajuste un peu, on pousse ici et là, on étire et mobilise pour que tout reprenne son cours. Voilà ce que Christina m'avait expliqué, et que les anciens Grecs pensaient que notre santé dépendait de l'équilibre de quatre humeurs.

Sortons, a dit Vito.

Il alla prendre deux bouteilles de bière dans le frigidaire et les glissa dans sa poche. Il ressemblait à un personnage de conte, on aurait dit qu'il portait des pantalons bouffants. Il traversa l'atelier et sur le seuil, il me fit signe de le suivre.

J'avais imaginé que Vito se changerait, ou qu'il aurait une prothèse, mais il fourra simplement les béquilles sous son bras droit tandis que de la main gauche, il cherchait dans sa poche la clé de l'atelier. J'étais surpris d'avoir oublié qu'il était gaucher, bien que nous ayons fait ensemble tant de coloriages, tracé tant de lettres. Ses mains avaient disparu de mon œil intérieur. Je ne voyais que son moignon, sans cesse, et en dessous, sa non-jambe, et d'elle, je me souvenais en tout temps. Je voulais la faire repousser, et avec elle, tout ce que nous avions perdu : les journées sur la falaise et sous les pins, la légèreté du sable qu'il fallait faire tomber de nos vêtements, le soir.

J'observais Vito du coin de l'œil, je le voyais bouger, je voyais l'adresse avec laquelle il déplaçait son poids, tirait la porte d'un coup sec pour faire tomber le pêne, sans perdre l'équilibre. Son corps oscillait d'avant en arrière, ses cheveux lui tombaient sur le visage. Il rejetait la tête, soufflait pour repousser une mèche sur son front. Il ressemblait à ces petites figurines qui retrouvent leur équilibre même à partir des positions les plus invraisemblables. Peut-être avait-il senti mes regards, peut-être pouvait-il deviner ce que je pensais. Il sortit la clé de la serrure et arrêta un instant les yeux sur moi.

Puis il se porta loin en avant, son corps s'élança à sa suite. Quelques pas lui suffirent pour développer une vitesse stupéfiante. Je me regardai, vis mon jeans délavé, tâtai mon t-shirt si usé par endroits que j'en avais déjà eu honte devant Jan, dans le bus.

Nous avons suivi la grand-route sur laquelle donnait l'atelier de Vito. Le trafic pour la Tchéquie passe par là, Jan aussi, longe tous les matins cette rangée de maisons délabrées. Il n'y a pas de chemin plus rapide, c'est ainsi qu'entre les maisons, le bruit est constant, un fleuve de bruit, au point que l'Elbe, à moins de cinquante mètres, semble presque menaçante dans son silence absolu. Où Vito voulait-il aller ? Je n'en avais pas la moindre idée. Entre les arches du viaduc, je voyais les remous dans l'eau, le gargouillement silencieux, et j'avais l'impression d'être moi aussi emporté dans le courant, dans le courant de Vito qui, à un rythme soutenu, se catapultait en avant, sans un regard en arrière. Les bouteilles de bière remuaient sauvagement dans ses poches et je me sentais comme un enfant qui court derrière son père.

Vito filait en direction de la gare, une bâtisse minable désormais, depuis que le guichet et la consigne étaient fermés. On l'entretenait un minimum, juste pour empêcher que quelque chose ne vienne choir sur la tête d'un passant. Elle me faisait penser à un énorme cocon que le présent, peu à peu, avait déserté. Je gardais le souvenir de nos courses d'école, quand nous étions serrés ici, nous tenant par la main. Avec les grandes attentes du lointain, de la ville où nous nous rendions pour visiter des lieux qui portaient des noms intimidants : musée, théâtre, tour de la télévision. À présent, à tout prendre, la gare se réduisait à deux quais et au passage souterrain nauséabond qui reliait les deux directions.

Je marchais quelques pas derrière Vito, qui venait de traverser la route sans vraiment regarder. Je voyais qu'il me surveillait à la dérobée, comme pour s'assurer que j'étais encore là. Nous sommes entrés dans le passage sous voie. Vito, avec ses béquilles, visait toujours exactement le milieu de chaque marche, laissait aller son poids, donnait un petit coup avec sa jambe et se retrouvait sur la marche suivante. Je le voyais enchaîner un mouvement après l'autre. Il glissait plutôt qu'il n'allait. De l'autre côté, il se mit à gravir deux marches à la fois, d'un seul élan, si bien que je me précipitai derrière lui, les mains légèrement tendues en avant. Une brusque angoisse m'avait envahi de le voir tomber et de devoir le relever, une fois de plus.

Le quai de la gare était vide. L'heure du trafic pendulaire et des écoliers était passée. Vito ne s'arrêtait toujours pas. Je le suivais docilement, plongé dans mes réflexions. Je pensais aux mains de Christina. Je me demandais si Vito lui avait raconté quelque chose, à propos de lui et de moi. Et puis le quai se termina et je sursautai. Les rails commençaient peu à peu à chanter. En nous retournant, nous avons vu déboucher de la vallée, à grande vitesse, un train en provenance de la Tchéquie. Le conducteur du train devait nous avoir aperçus, debout tout au bout du quai, là où une barrière empêchait les personnes non autorisées d'accéder au pont. Même dans le contre-jour éblouissant, nous avons vu la locomotive faire des appels de phares, deux ou trois fois. Nous nous sommes accrochés à la barrière quand le souffle du train nous a saisis.

C'est ma place préférée, déclara Vito en désignant un couvercle métallique scellé dans le béton, à une vingtaine de mètres de là, à l'endroit où le viaduc épousait la courbe légère de la vallée. Vito posa ses béquilles contre la barrière qu'il franchit avec aisance.

Je lui criai quelque chose, mais il ne fit qu'en rire.

Alors ne viens pas, rétorqua-t-il sans se retourner.

Vito enserrait de ses deux mains le garde-fou crasseux du pont. Faisant glisser ses mains latéralement, il sautillait ensuite une ou deux fois sur sa jambe gauche. C'est ainsi qu'il progressait, le visage tourné vers l'Elbe, les rails dans le dos. Je pensais que si un train venait, à présent, il le renverserait dans son souffle, mais les rails luisaient, déserts dans la lumière du matin.

Je regardai de tous côtés, personne ne semblait s'intéresser à nous. À l'autre extrémité du quai, la chaleur vibrait au-dessus du revêtement gris. Une petite impulsion, et à mon tour, j'avais passé la barrière. Le ballast était coupant et instable. Je fis quelques pas en trébuchant, puis je suivis l'exemple de Vito et pris appui sur la balustrade pour avancer. Au moindre bruit, je me retournais. Je pensais que les rails recommençaient à chanter, mais on n'entendait que la circulation sur la grand-route, devant la maison de Vito. L'Elbe coulait, lente et trouble. À une certaine distance, j'aperçus l'embouchure du ruisseau. Il me sembla que c'était une autre eau, claire et étincelante, qui se jetait dans le courant sombre, maculé de vase, une espèce de dilution. Je laissai son avance à Vito, j'observai comment il tirait tout d'abord la première, puis la seconde bouteille de bière des poches de son pantalon, et s'asseyait sur le couvercle métallique. Le viaduc, à cet endroit, était haut de huit mètres environ.

Et tandis qu'il était là, assis, je me voyais moi-même sur le roc qui avait été le nôtre. Vito laissait sa jambe gauche baller dans le vide, son moignon pointait en l'air, horizontalement. Il ouvrit la première bouteille au moyen de la seconde, prit une gorgée et se tourna soudain vers moi, comme s'il se souvenait à cet instant que j'étais là, moi aussi. Je fis glisser mes jambes sous la balustrade et m'assis à côté de Vito, à son endroit préféré. Quand je levais la tête, mon regard tombait directement dans les remous de l'Elbe, quand je la baissais, je voyais nos jambes. Trois jambes et demie. Vito décapsula la deuxième bière contre le garde-fou et me la passa. J'attendis un petit moment, mais nous n'avons pas entrechoqué nos bouteilles.

Tu ne peux pas simplement revenir comme ça.

Vito me regarda comme pour s'assurer que j'avais bien compris sa phrase. J'avais compris. Bien sûr.

D'où, en fait ? demanda Vito.

Comment, d'où ?

D'où es-tu revenu ?

Rien à voir, dis-je. Ça pourrait être n'importe où.

Combien de temps as-tu été absent ?

Assez longtemps, dis-je.

Vito se tourna de mon côté, mais je gardais les yeux fixés droit devant moi. L'Elbe coulait, le vertige me gagnait.

Tu n'as pas le droit d'arriver comme ça chez moi, de fourrer ton nez partout et de ne rien raconter.

Qu'est-ce que tu t'es fait, là? demanda Vito. Il désignait ma nuque.

Je suis tombé dans l'ancienne carrière en allant pisser.

Aha! Tu es aussi tombé quelque part. Tu as eu de la chance, toi.

Bon, alors on va se raconter ce qui est arrivé durant, disons, les vingt dernières années. Puis on se serrera la main. Et ce sera réglé.

Vito leva la bouteille, souffla dans le goulot. Le son était profond. Vito prit encore une gorgée. Je l'observais en coin, je vis qu'il avait les larmes aux yeux.

Raconte-moi ce que tu veux, dit Vito d'une voix oppressée. Je sais déjà presque tout, de toute façon.

Moi, en revanche, je ne savais presque plus rien. Mon passé s'éloignait à une vitesse folle, se noyait dans l'Elbe en un tourbillon. Mon enfance était une autre planète, que j'avais quittée à un certain moment. Christina, la Petite, Vito, m'apparaissaient comme des étrangers.

C'était une idée idiote de revenir ici, dis-je.

Oui, répondit Vito.

Il se versa le reste de bière directement dans le gosier, tendit le bras et ouvrit la main. Je vis la bouteille qui, comme au ralenti, prenait de la vitesse. Un bel exemple de chute libre. Je me penchai en avant. Elle éclata dans un petit orage de débris.

Je voulais parler. Je voulais dire à Vito combien je m'étais réjoui de le retrouver sur internet, comment, petit à petit, j'avais pris la décision de revenir. Je voulais aussi avouer que jusqu'ici, j'avais été un poltron, tournicotant autour de son atelier sans jamais oser faire le premier pas. Je voyais l'Elbe couler et la chaleur trembler. Une odeur de foin nous parvenait de l'autre rive, où les prés avaient été fauchés. Vito se leva brusquement. Les rails commencèrent à chanter. Je saisis la main de Vito. Un nouveau train de marchandises. Cette locomotive, elle aussi, lança un appel de phares, trois yeux blancs tonitruèrent à notre rencontre. Puis un long signal traînant qui se brisa dans les contreforts de la vallée. Vito retira sa main. Je sentais tout mon corps vibrer du poids du train, du bruit des roues. Une attraction étrange, un bruit hypnotique, à chaque paire de roues qui retentissait sur les traverses. Puis le train s'éloigna. L'écho résonna le long de la vallée. Vito se leva, empoigna le garde-fou et se propulsa pour rentrer, de la même façon qu'il était venu.

Une belle histoire, dit Jan. Une belle histoire. Maintenant, c'est à moi de t'en raconter une. La fille qui a des tétons comme des lampions, depuis ce matin elle est là-haut, dans la cuisine de la forteresse, et elle effile des haricots. Ils lui ont donné quelque chose de plus décent à se mettre. Pas un de ces débardeurs où tout déborde. Elle avait reçu le sien des Russes aux magnifiques dents neuves. Et si tu veux savoir ce qui est arrivé à ces deux-là : je te jure qu'ils n'ont pas fait mine de me suivre, quand j'ai pris la fille en voiture et que j'ai démarré. Le diable sait pourquoi. J'ai interrogé la fille, mais elle n'a rien raconté. Elle était belle, endormie chez nous sur le banc de la cuisine. Comme une de ces poupées de collection qui figurent au dos des magazines, ces poupées au visage en porcelaine, qui rappellent le Japon. Toujours est-il que je n'ai pas fermé l'œil de la nuit parce que je pensais que les Russes allaient prendre la maison d'assaut d'une minute à l'autre. J'ai étalé une couverture dans le coffre de la voiture, puis nous avons passé la frontière et nous sommes montés jusqu'à la forteresse. Cette fille ne doit en aucun cas se piquer le doigt avec un fuseau, ai-je dit à ceux de la cuisine. Mais qu'est-ce qu'un fuseau pourrait bien faire dans une cuisine ?

Une belle histoire, j'ai dit à Jan. Il ne fallait pas te donner autant de peine pour me dire que tu ne me crois pas.

Ce matin, je suis allé m'asseoir sur mon récif, si c'est encore le mien. Une journée venteuse. Devant moi, les pins ondoyaient. De-ci, de-là. Je me suis demandé comment c'était, de se laisser ballotter de-ci, de-là, tout en restant toujours au même endroit. En haut, ça tangue. En bas, on reste fixé. Alors on n'a même pas l'idée de se rendre quelque part, de rentrer chez soi, ou de s'en aller. Où que ce soit. Quand nous étions loin, il semblait que c'était ici, chez nous, et maintenant que nous sommes ici, c'est je ne sais où. J'aurais préféré savoir ça dès le début. Alors nous n'aurions pas dû partir du tout, ou bien nous serions allés ailleurs. Nous ne sommes que trois. Pourtant, nous traînons tout derrière nous, nous portons tout notre barda. Ceux qui étaient nos amis et ceux qui sont nos amis, la famille, les vivants, les morts. Nous sommes toute une caravane, bien que nous ne soyons que trois, toute une caravane. Et Vito aussi, en est une, et Jan aussi. C'est ainsi que nous errons, avec nos caravanes invisibles. Chacun ne voit que la sienne, chacun la sent qui tire. Celles des autres, on ne les voit pas. Il y a des gens qui prennent la leur à la légère, ils s'en vont le nez au vent et font comme s'ils ne tiraient rien, ou ne portaient rien. Mais les plus mal barrés, c'est ceux qui font croire qu'ils maîtrisent tout, qu'ils peuvent en tout temps aller partout. Comme s'il suffisait de s'élancer loin du bord de la piscine et de nager. Cinquante mètres le cœur léger, sachant que l'autre rive est proche. Mais l'autre rive n'existe pas. La piscine n'existe pas. Pourtant nager, il le faut bien. C'est à cela que j'ai pensé. À la nage et aux caravanes. Les deux choses ne vont pas ensemble. Mais l'une et l'autre ont à faire avec Christina et moi.

Quelquefois, je repense à mes semaines qui se ramenaient à cette heure unique, dans l'austère petite pièce où Christina essayait de m'apprendre à lâcher prise, à réintégrer mon propre corps. Il y avait là les paysages qui s'étaient imprimés en moi, la ville dans sa cuvette, les années d'école sur la ligne de partage d'un système et d'un autre. Tout un labyrinthe de choses passées à travers lesquelles j'errais, et bientôt, Christina avec moi. De toutes mes forces, je l'entraînais dans mon sillage. Je ne pouvais pas me lasser de découvrir quels endroits nous avions fréquentés tous les deux sans jamais nous y être rencontrés, c'était comme si nous étions liés depuis une longue période déjà, et que notre rencontre n'avait été que l'aboutissement inévitable d'une relation qui avait commencé des années auparavant, à notre insu. Six mois plus tard, nous avons emménagé ensemble. Un minuscule appartement dans une banlieue anonyme. Le bruit de l'autoroute. Il m'arrivait d'attendre Christina pendant des heures, quand j'arrivais le premier à la maison et qu'elle était encore de service. J'attendais comme paralysé, incapable de bouger, jusqu'à ce que Christina arrive enfin. Quelquefois je parvenais à mettre la table, à préparer quelque chose à manger. Alors nous mangions. Nous ne nous enivrions pas. Nous nous soûlions de nous-mêmes, prisonniers du pays étranger où nous avions atterri à cause du travail, ou par lassitude, ou parce que nous avions cru qu'il fallait partir. J'ai le souvenir de certains soirs où nous n'arrivions même pas à gagner notre lit. Nous faisions l'amour dans la cuisine, fougueusement et tristement. Nous trayons l'univers, disait Christina. Elle tenait ça d'un poème. Nous étions en train de nous détruire, de nous enfermer dans notre propre saveur, dans le bruit de notre respiration. Ensuite nous avons commencé à sortir en voiture, tous azimuts, en quête de pommiers et de ciel, en quête d'un bout de fil qui pendillait de notre ancienne vie. Les premiers temps, nous allions dans les villes des environs. Nous réservions une nuit d'hôtel. Au début, nous préparions un sac. Par la suite, nous n'emportions que les vêtements que nous avions sur nous. Nous prenions un parapluie et nos brosses à dents, et un pullover pour parer au pire. Là où d'autres s'intéressaient aux églises, aux musées, nous n'avions de regard que pour l'horizon, la courbure des champs, les arbres fruitiers, pour peu que nous en trouvions. Parfois mes collègues, à l'université, me demandaient si j'avais vu ceci ou cela, telle église ou tel opéra. Ils m'interrogeaient sur des ponts, des maisons, des tours, des restaurants, mais invariablement, je répondais par une dénégation polie. Je n'en disais pas plus. Il n'y avait rien à comprendre, pour ceux qui n'étaient jamais partis. Ils étaient sourds sur ce chapitre, alors je me taisais et je voyageais avec Christina. Chaque week-end une ville. Nous évitions les autoroutes. Nous prenions les petites routes, peut-être pour trouver un bout de ciel qui nous semblât connu, dans lequel nous pourrions nous reconnaître, ou une allée d'arbres fruitiers. Un pommier, tu dois pouvoir lancer un chapeau à travers, avait toujours prétendu mon père. Je conduisais et Christina me décrivait les arbres qu'elle voyait, me disait s'ils étaient grands ou petits. Je devais fixer mon attention sur la route. Christina disait: Celui-là, tu ne peux même pas lancer de pièce de monnaie à travers. Quelquefois, je m'arrêtais, je me garais sur la voie latérale. Je me dépliais pour sortir de la voiture, m'étirais, avide de voir les arbres de mes propres yeux. Des troncs moussus. Au-dessus, une nuée de ramilles qui permettaient à peine d'entrevoir les branches. Où que nous allions, nous ne trouvions jamais ce que nous cherchions. Le ciel était étriqué et bas, l'horizon, distant de quelques kilomètres à peine. La campagne, disions-nous, il faut tout de même pouvoir sillonner la campagne. Or justement, c'était impossible. Villes et villages se débobinaient le long d'un fil interminable. Coincés entre deux, quelques champs, quelques alignements de fruitiers. Rien de plus, rien de moins. Les semaines passaient. Nous avions l'impression d'avoir une longue peine à purger et qu'il s'agissait de la subir, comme on endure l'école, peut-être. À un moment donné, c'est terminé et quelque chose de nouveau peut commencer, mais ce que nous purgions, c'était notre vie.

Le soir est bleu. L'Elbe est bleue. Pour que je puisse monter à côté de Jan, il faut d'abord qu'il fasse de la place. La voiture de Jan est de celles où l'on trouve tout un bric-à-brac. Sur les tapis et les banquettes, des choses qui peut-être, un jour, ont été ou pourraient être utiles. Gratte-givre. Balai à neige. Bêche. Et quelques déchets, aussi. Des gobelets de café. Des paquets de biscuits. Des petits bouts de plastique qui jadis, ont fait partie de quelque chose de plus grand. Je suis assis là au milieu. Je touche avec mes pieds des objets indéfinissables. Devant moi sur le pare-brise, un petit trou, là où sans doute une pierre a frappé. L'impact ressemble à une araignée. Une petite araignée qui roule avec nous et recoud tout ce que nous voyons : l'Elbe, les forêts, la vallée, la circulation. Tout cela : bleu.

Jan tapote le volant du bout des doigts, sur le fond d'une musique qu'il est seul à entendre. Il n'a pas de radio. Un casier noir bée à la place. Je ne sais pas si c'est lui qui l'a démontée ou si elle a été volée. Et moi aussi, j'imagine ma musique. Je regarde le trou dans le pare-brise, il fait disparaître pas mal de choses. D'autres apparaissent en double.

Nous arrivons à la frontière. Dans les guérites délabrées, il n'y a plus personne, ni du côté allemand, ni du côté tchèque. Entre deux, un demi-kilomètre. No man's land. Une silencieuse explosion de nature. Ensuite, d'un seul coup, commencent les stands qui vendent des nains de jardin. Ils sont là, revêches dans le crépuscule, à regarder la route. Étrange armée qui ne perd jamais aucun soldat. Il y a aussi des corbeilles tressées, et des sacs, des essuie-mains, des cigarettes, du chocolat et du fromage fumé. Dans ces localités, au bord de l'Elbe, c'est éternellement l'automne ou bien le printemps. Je pense à tout moment qu'une fumée bleue va passer au-dessus de la route. Mais non, rien de tel. C'est le plein été et nous aurons bientôt traversé la petite agglomération. Le bas-côté ondule, s'effrange. Des tessons de verre et des boîtes de conserve brillent dans la rigole. Jan donne des gaz, mais pas trop. À droite, l'Elbe coule, paresseuse. Je me demande pourquoi nous n'avons pas tourné à gauche. Au-dessus de nous bruit un épais toit de feuillage. Je suis comme hypnotisé. Verts, les hêtres et les pins. Bleus, l'Elbe, le crépuscule et l'asphalte défoncé. Un peu plus loin, une voiture est stationnée au bord de la route. À notre approche, une femme se montre à un arrêt de bus. Elle se penche dans notre direction. Sa pose est apprise, étudiée, chaque geste calculé. Si nous voulions, nous aurions le temps de nous arrêter. Nous passons devant trois femmes. L'une est tout en blanc, avec des cheveux noirs. On voit bien d'où viennent les histoires de Jan. Je le regarde du coin de l'œil. Il garde les yeux fixés sur la route, suit le bas-côté, comme embarrassé soudain de ce qu'il m'a raconté. Les péniches défilent sur l'Elbe. Bientôt, la forêt s'ouvre. L'Elbe se rapproche. Sur la rive, quatre grues grises pointent dans le ciel.

Les uns baisent et les autres picolent, d'autres encore ont une ride de rêveur sur le front, dit Jan.

Quelques bifurcations, et nous replongeons dans la forêt. Ça monte. Nous approchons. J'ai hâte de voir la maison de Jan. Entre les troncs, les champs resplendissent. Puis nous ressortons dans la lumière. Le soir monte, grandit, plus pâle en hauteur. Je m'avance sur mon siège pour me retrouver complètement sous le pare-brise. Les maisons du village apparaissent au-dessus des blés. À l'à-pic de la route, un faucon en vol stationnaire. Si gracile dans le ciel, si fin et délié qu'étrangement, il me semble féminin. Je pense à Christina : comment elle va mettre la Petite au lit, comment il faudra un moment pour qu'elle s'endorme, alors Christina chantera, et sa voix sera fluette dans notre grande maison vide que j'ai abandonnée aujourd'hui.

J'ai la bouche pleine de champignons au vinaigre, je rince avec de la bière. La femme de Jan me tend la corbeille de pain au cumin. Jan me regarde. Brigitte me fait savoir que les convives comme moi sont géniaux, parce qu'ils mangent sans faire de chichis. Jan traduit. Je n'arrête pas. Ni de manger, ni de parler.

Je raconte comment j'ai fait la connaissance de Christina, comment nous étions des chasseurs de ciel.

Brigitte se lève pour aller chercher encore un bocal de champignons à la cave.

On pourrait croire que tu n'as pas mangé depuis des jours, dit Jan.

Et c'est bien mon impression, c'est comme si je n'avais rien mangé depuis des années, comme si je pouvais, avec la nourriture, ingurgiter un peu de mon pays, même si ce n'est pas mon pays, ici. Même si nous avons traversé une frontière, mais je la connais, celle-là. C'est une frontière d'enfance, une frontière d'autrefois, si facile à franchir. Ici coule l'Elbe. Ici, c'est le massif de grès, jusqu'aux anciens cônes volcaniques qui s'élèvent au-dessus de la campagne. On en voit un depuis la cuisine de Jan. Une montagne couverte de forêt, un Fujiyama vert, en plus petit.

Brigitte n'est pas encore revenue. Je m'interromps, je cesse de manger et de parler. J'ai l'impression de revenir à moi.

Exactement, Jan, dis-je. Et le torrent de paroles reprend. Je raconte combien nous avons été des étrangers et combien nous le sommes de nouveau. Les voilà, ceux à qui on a doré le cul pendant qu'ils étaient loin. C'est ce qu'on dit de nous dès que nous avons le dos tourné. Peut-être.

Le pain au cumin est mangé et Brigitte n'est pas de retour. Je vois Jan qui regarde dehors, la campagne. Il lève ses sourcils broussailleux.

Je ne sais pas comment dire que j'ai parlé comme un moulin à paroles. Je pense à Christina qui n'a rien d'autre à faire qu'à veiller sur le sommeil de notre Petite, tandis que la nuit tombe peu à peu. Jan pose la main sur mon épaule. Brigitte remonte de la cave. Elle a une bouteille à la main.

Nous traversons la maison. J'examine ces choses: le pichet avec sa bordure de bleuets, les portes des chambres, poncées et teintes en couleur clair, les poignées de porte, leur courbe douce. Je les vois sans les voir. Notre propre maison me passe par la tête, elle m'apparaît encore plus grande et plus vide. Alors qu'elle pourrait avoir exactement le même aspect que celle-ci. À présent nous sommes arrivés aux ex-chambres d'enfants. Les murs couverts d'images, de photos. Les lits encore faits. En pensée, je continue de passer notre maison en revue. Qu'avons-nous acheté, ces dernières semaines ? Qu'est-ce que j'ai peint, poncé, verni ? Rien, me dis-je. Rien, et un frisson me parcourt, brûlant et glacé. Je revois le mildiou. Je pense à la balançoire de la Petite où le vernis, lentement, s'écaille, et je pense au bac à sable, plus vide de semaine en semaine, parce que la Petite aime tellement jeter le sable dans l'herbe avec sa petite pelle. Nous jetons un coup d'œil à la salle de bains fraîchement carrelée avec, sur les rebords, des petits bouquets parfumés et des coquillages. Je pense à Christina qui elle aussi, a choisi ces objets pour notre salle de bains, elle qui pendant la nuit s'installe devant l'ordinateur pour imprimer les dernières photos de la Petite, puis les fixe à la porte du réfrigérateur avec un aimant. Quant à moi, je ne me vois pas. J'ai mangé. J'ai bu, mais où étais-je ces derniers mois ? Et si on n'est pas là, on ne peut poser aucune question à personne. On ne peut pas élever les enfants, et eux-mêmes n'auront aucun souvenir non plus, puisqu'on n'était pas là. La peur me prend, c'est comme si j'avais changé de forme ou de monde, ou tous les deux à la fois.

On est assis devant la maison, sur le banc. Entre nous, la bouteille de gnôle et deux verres. Chaque fois que je prends mon verre, il est plein. Le niveau de la bouteille ne baisse pas davantage. Je me demande si c'est toujours la même, s'il y en a une seconde ou si Brigitte la remplit sans que je m'en aperçoive. Autour de nous flambe, jaune, un fouillis de belles de nuit. Pour la première fois, je comprends leur nom, puisqu'elles éclosent pendant la nuit. C'est comme si je pouvais voir les petites corolles s'ouvrir au ralenti, et les voir respirer dans la nuit. Mais non, je ne le peux pas. Jan est plongé dans ses pensées. Ce n'est que lorsqu'il vide un nouveau verre qu'il m'adresse un bref un signe de tête. Sinon, il garde les yeux fixés sur les champs, là-bas, plus loin. Je pense à tout et à rien en même temps. On a le mur tiède de la maison dans le dos. Presque à la verticale au-dessus de nous, un mince tissu de nuages blancs, brillants. Devant nous, les silhouettes du Rosenberg et du Kaltenberg. Je vide encore un verre et je cherche à deviner ce qui est le plus sombre : le contour des montagnes ou le ciel nocturne, et comment, au fond, peut-on voir des montagnes presque noires contre la nuit presque noire. Cela doit bien avoir un rapport avec la lumière, celle des étoiles et celle des nuages qui cette nuit, luisent comme de leur propre lueur. J'ai lu quelque chose à ce sujet, une fois. Ce sont des cristaux de glace, tellement haut qu'ils sont encore illuminés par le soleil. Drôle d'idée. De la glace. Alors qu'ici en bas il fait si chaud. Et il me revient que c'est autour des grains de poussière de météorites que la glace se forme. Tout se mélange, monte et retombe. Et puis il fait froid là-haut, dans l'atmosphère, à 80 kilomètres au-dessus de nos têtes. 140 degrés en dessous de zéro. Je constate combien mes pensées sont légères, combien elles se fécondent mutuellement et brillent, juste maintenant. J'écluse encore un verre. Au moment où le schnaps coule dans ma gorge, la notion de *détente adiabatique* me traverse l'esprit. Je m'aperçois que quelqu'un pose une couverture sur moi. Le paysage disparaît. Je sens la maison derrière moi, tel un poêle qui diffuse sa chaleur. La chaleur de la journée que j'ai passée sans Christina et sans la

Petite. Je suis trop fatigué et certainement trop ivre pour me sentir coupable, mais elles me manquent.

Te voici enfin raisonnable, mon ami, me lance Jan.

Il est un peu plus loin et pisse dans le fossé.

Ici, dehors, le silence est inouï. J'ai cueilli quelques bleuets et aussi des marguerites. Les coquelicots manquent encore, bien qu'ils ne tiennent pas dans un vase. Il me faut deux bouquets. Jan vient m'aider. Il a le souffle court. Quand il s'approche, je sens son haleine qui pue l'alcool. Pareil pour moi, il faut le croire, même si je ne le sens pas en ce moment. Au-dessus de nous, la Voie lactée resplendit. Les nuages nocturnes ont pâli et disparu. L'obscurité est inouïe, à part les phares de la voiture. Je les ai laissés allumés. On croirait que quelque chose vient d'arriver, ici. La voiture un peu en biais au bord de la route. La lumière coule autour des arbres. Deux cônes au-dessus des champs. Si quelqu'un nous voyait, il penserait sans doute que nous cherchons quelque chose. Oui, c'est bien ça. Des marguerites, des bleuets, des coquelicots.

Le Cygne et les Trois belles d'été. C'est la première chose que j'ai vue quand je me suis réveillé, tout à l'heure. J'avais roulé du banc jusque dans l'herbe. Et je crois que j'ai crié, mais je n'en suis pas absolument certain. La Petite avait fixé une corde à linge autour de son corps et elle marchait à une hauteur vertigineuse. Pieds nus. Maman, je vais sauter, avait-elle crié, elle avait écarté les bras et s'était laissée tomber. La corde se déroulait sans fin. La Petite voletait comme un oisillon, passait même devant Christina qui était assise sur un ressaut contre l'immense paroi et l'assurait avec des pinces à linge. Arrivée à son extrémité, la corde s'est tendue. Ce fut un des rares moments où il m'a été possible de penser quelque chose à l'intérieur même d'un rêve. Tout devait s'arrêter à présent, de cela, j'étais sûr. Une courte secousse. La corde à lessive était une de ces cordelettes gainées de plastique. Elle s'est étirée comme un chewing-gum jusqu'à devenir un minuscule fil bleu. Puis Christina a été arrachée à la paroi. Les pinces à linge ont giclé. J'ai vu la Petite s'envoler, reliée à sa mère par le cordon ombilical de la corde à linge. Soudain, elles ont écarté les bras et en riant, elles ont été emportées dans les airs. C'est la dernière chose que j'ai pu voir. Je sentais l'herbe humide sous ma nuque. Les belles de nuit se penchaient sur moi. Je me suis levé en vacillant, derrière moi la masse sombre de la maison de Jan. J'ai appuyé la tête contre le mur jusqu'à ce que le monde peu à peu retrouve sa fixité.

J'ai ouvert la porte. Une senteur de champignons. J'ai commencé à repérer les objets que Brigitte m'avait montrés quelques heures auparavant. Quand je suis entré dans leur chambre à coucher, ni Brigitte ni Jan ne se sont réveillés. Je les ai regardés. Brigitte, malgré la chaleur, était blottie sous sa couverture jusqu'au menton. Jan avait le front plissé de rides, comme s'il pensait ou s'étonnait, ou l'un et l'autre. Je me suis appuyé au chambranle, ne voulant pas être un intrus, un Allemand puant le schnaps qui avait fui sa propre famille, qui toute sa vie n'avait rien fait d'autre que fuir. Je me demandais pourquoi je n'avais pas épousé Christina depuis longtemps déjà, pourquoi cette idée m'avait à peine effleuré, pourquoi cette image n'existait plus : Christina et moi pelotonnés ensemble dans le sommeil.

Jan, j'ai dit. Jan, c'est l'heure.

Je me suis penché sur lui, j'ai posé ma main sur son épaule aussi délicatement que possible. J'ai senti son corps osseux, noueux. À cet instant il a ouvert les yeux. J'en ai vu briller le blanc. Sur son front, les rides se sont creusées plus profondément. Puis il a sauté sur ses pieds. D'un bond, il a été hors du lit. J'ai levé les mains pour m'abriter. Je croyais voir un géant, une ombre massive, menaçante, comme si j'avais réveillé un esprit, un vieux veilleur sorti d'un conte.

Toi alors, a-t-il dit tout à coup. Toi alors.

Je me bats contre les pédales, encore à moitié soûl et pieds nus comme je suis. Je m'efforce de les viser au milieu, de ne pas déraper. Nous sommes en route pour assurer le premier tour matinal de Jan. Ici en haut, entre les villages, la route est presque toute droite. Jan m'a proposé ses chaussures mais je ne les ai pas voulues, trop grandes, trop éculées, elles n'auraient été d'aucun secours. S'ils nous arrêtent, je prends tout sur moi, ai-je dit à Jan. Sans quoi tu perdras ton boulot. Il a accepté à contrecœur. À présent il est assis à côté de moi, les deux bouquets de fleurs à la main, nous ressemblons à un vieux couple saugrenu en route pour une fête.

Mon ami, mon ami, dit Jan en humant l'air nocturne qui nous enveloppe.

Nous avons baissé les vitres tellement nous puons le schnaps. L'horizon est comme baigné de lait. Il doit être à peu près trois heures et demie. À chaque coup de frein, ou quand je n'enfonce pas correctement la pédale, nous ralentissons si fort que nous entendons les oiseaux. Un invraisemblable vacarme de chants. Sinon, le monde semble vide. J'aime à penser qu'il n'y a pas de témoins de notre étrange équipée, personne pour me voir virer en descendant vers l'Elbe en lacets, et presque caler à plusieurs endroits parce que je n'arrive pas à choisir entre l'accélérateur, le frein ou l'embrayage. Parfois, j'entends Jan prendre un grand coup d'air, mais il ne dit rien. Derrière, dans la voiture, des objets que je ne peux pas voir roulent de-ci, de-là. Puis nous arrivons en bas, au bord de l'Elbe, nous passons au milieu de la ténébreuse armée de nains de jardin en terre-cuite. Dans plusieurs échoppes, la lumière est allumée. Je roule pile à cinquante. Dans le no man's land, j'accélère un peu pour ne pas me faire remarquer, bien qu'à part quelques ivrognes qui sortent des guinguettes pour zigzaguer jusque chez eux nous n'ayons encore rencontré personne. Lentement, je me suis habitué à la voiture de Jan, je sens sous mes semelles les pédales cannelées, j'empoigne du premier coup le bouton du changement de vitesse. La campagne me semble brumeuse. Je ne sais pas si c'est seulement dans ma tête, ou si réellement, le brouillard monte des prairies. Entre les arbres comme un mirage, la douane allemande, brillamment éclairée. C'est le genre de lumière que je qualifie de lumière de frontière. Un éclairage puissant, froid, qui me prend aux tripes. Des tubes de néon sous lesquels les mites s'égouttent en torrents sombres. L'Elbe coule à côté de nous. L'air est humide et maintenant, vers la fin de la nuit, même un peu frais. Je regarde Jan, sa tête qui de loin en loin, lui retombe sur la poitrine. N'osant songer à tout ce qui pourrait arriver avec le bus plein de touristes du fait que je lui ai volé son sommeil. Nous roulons un moment hors agglomération. Ici dans la vallée, un village suit l'autre. J'ose à peine faire du soixante-dix, je plisse les yeux et m'attends à chaque instant à voir quelqu'un ou quelque chose surgir dans le cône des phares, mais la campagne reste solitaire et tranquille.

Jan se réveille brièvement quand je m'arrête devant l'atelier de Vito. Il me tend le premier bouquet. Je descends, je sens l'asphalte dur sous mes pieds. Le silence est si profond que je m'imagine que les façades renvoient l'écho de mes pas. Au-dessus de l'entrée de l'atelier de Vito, une lampe clignote. C'est l'heure bleue. Je pose le bouquet sur la marche, devant la porte. Superflu d'y ajouter un message. Personne d'autre ne cueille des bouquets pareils. Je colle l'oreille à la porte un instant sans rien entendre et reviens en hâte à la voiture. Jan s'est rendormi. Tête baissée, en biais sur la poitrine. Je démarre en douceur. Jan soupire sans se réveiller. La Ville-qui-n'en-est-pas-une rêve son rêve d'été à propos d'on ne sait quoi. Je me les représente, les petits nazis, avec leur salive qui dégouline des commissures des lèvres sur l'oreiller. Leurs chiens aux pattes veloutées affalés devant des niches, sur des canapés de cuir ou des tapis de salon à l'intérieur desquels des millions d'acariens défilent dans tous les sens. Les rideaux flottent à l'extérieur de quelques fenêtres – certains blancs et légers, d'autres jaunes et lourds. J'ai peur d'arriver chez nous au village, je fais encore une fois le tour du rond-point et j'inspecte les rues. Je passe aussi devant la maison des médecins et je la vois passer : Christina, dans sa blouse blanche, les vagues de ses cheveux noirs, un personnage de conte de fées. Une de ces figures qui peuvent se métamorphoser en animal, en chevreuil ou en oiseau. De ces êtres bienveillants qui guident les promeneurs égarés hors de la forêt, ou qui les réveillent quand un malheur menace. C'est cette Christina-là que je veux, celle qui me sauvera, qui me ramènera sur le chemin, peu importe lequel.

Si maintenant quelqu'un était assis sur le récif, il me verrait rentrer chez moi. Mais la poussière ne tourbillonne pas au-dessus des champs, la poussière repose, détrempée, au fond des sillons, et si vraiment, c'est chez moi que je rentre, je ne le sais pas. Je bifurque dans notre rue. Jan ronfle. Même quand je coupe le moteur, il ne se réveille pas. Les oiseaux s'en donnent à qui mieux mieux. La fenêtre de la chambre de la Petite est grande ouverte. Pas un souffle. Les arbres fruitiers, les framboisiers, le faux jasmin – tout est tranquille, les feuilles cousues à l'air pâle de l'aube. Je prends doucement le second bouquet dans la main de Jan et je sors. Rien. Seuls les oiseaux jubilent. Je soulève le portail pour ne pas faire grincer les gonds, je sens, humide, l'herbe sous la plante de mes pieds. Je jette un coup d'œil aux fenêtres de la cuisine et je lève les yeux vers le premier étage, guettant toujours l'apparition du visage de Christina. Mais les fenêtres ne reflètent rien, sinon: buissons, arbres, ciel. La porte de la maison est verrouillée. J'essaie d'introduire la clé dans la serrure. Deux fois, trois fois, je tourne et secoue, sans succès. Je pose donc les fleurs sur le seuil, m'assieds sur la balançoire, renverse la tête en arrière. Je lève les yeux vers la chambre d'enfant, je regarde les feuillages des arbres fruitiers. Notre maison comme un navire, mais pour l'heure, je ne suis plus à bord. Je fourre mon nez dans le pli du coude, flaire l'alcool qui me suinte par tous les pores. Alors je pense à l'étang des pompiers. Pieds nus, je descends la rue du village comme je l'ai fait quand nous sommes arrivés ici, quand tout était vaste et gonflé de possibilités. Parfois, je devine une présence dans les maisons. Les fenêtres, les portes grandes ouvertes, les journées si torrides, les nuits si chaudes. C'est le chemin que je prends toujours avec la Petite.

Je me déshabille, plie mes affaires. Un petit tas perdu. Je m'attarde un peu sur le bord en béton, puis je me secoue et de mes pieds, je vais toucher le fond. La vase coule entre mes orteils alors que je me dirige vers le milieu. Ma peau paraît blanche contre l'eau qui se referme, noire, autour de moi. Je m'efforce d'avancer lentement, sans faire de bruit. Les maisons les plus proches sont à quelque distance. J'y jette un coup d'œil sans distinguer personne. Il doit être cinq heures, cinq heures et demie peut-être. À chaque pas, je suis plus assuré, à chaque pas, il m'est plus indifférent d'être vu. Même au milieu, l'eau ne m'arrive qu'à mi-cuisse. Je m'accroupis, j'écarte les lentilles d'eau. Devant moi, la surface comme un miroir et dedans, rien que du ciel. Je sais que bientôt, il faudra réveiller Jan pour qu'il ne manque pas son service. Sinon je ne sais plus rien.

III

C'était le dernier trajet préparatoire. Le sac à dos était lourd. Dans les virages, je luttais pour garder mon équilibre sur le vélomoteur de Jiři.

Ça te changera les idées, avait-il dit.

Il m'avait fallu une semaine pour cesser de faire des bonds incontrôlés et pour éviter de caler. Plusieurs fois, j'avais piqué un soleil par-dessus le guidon et atterri dans la boue derrière le jardin de l'école. Je me retrouvais sur le chemin, au-dessus de moi, les couronnes des tilleuls baignées de lumière, une sensation grandiose. Ma mère pensait peut-être que je faisais mes devoirs avec Vito. Peut-être ne pensait-elle rien du tout. Dès que je le pouvais, je me glissais dans le jardin de l'école. L'après-midi, le soleil tâtonnait paresseusement entre les buissons. Les cosmos et les asters se balançaient à contre-jour. Ce moment m'appartenait, tandis que les uns s'appliquaient à faire leurs devoirs et que les autres étaient chez leur grand-mère devant une tasse de cacao. Le hangar possédait une seconde porte, derrière laquelle il y avait une petite remise vétuste où l'on rangeait les choses qui ne nous étaient pas destinées, à nous, les écoliers: des engrais, du désherbant, d'énormes cisailles et quelques outils rouillés aux formes biscornues que personne sans doute n'avait utilisés depuis des années. C'est là que Jiři garait sa mobylette, à mon intention. Parfois, je gardais la porte entrouverte afin de laisser passer un reste de jour. Je caressais la selle, flairais la carrosserie, humais l'odeur d'essence. Ensuite je manœuvrais le vélomoteur pour sortir et je refermais le débarras derrière moi. Je poussais l'engin jusqu'à la sortie du village. Personne n'avait l'air de s'en étonner. Et sinon, j'aurais eu une histoire toute prête, dans laquelle il était question de Jiři. Je poussais encore sur la côte précédant le panneau d'entrée du village. Puis j'enfourchais le similicuir noir et m'élançais dans l'infini. Au-dessus, tout autour, la campagne défilait. Les arbres me semblaient plus hauts, les rochers plus inhospitaliers. Le monde était devenu plus vaste et en même temps, je m'en étais rapproché. Il semblait se diviser devant moi, puis se refermer sur mon passage, comme l'eau se referme autour du nageur. Au début, j'avais craint qu'on ne me reconnaisse. Mais Jiři m'avait aussi apporté un casque, fendillé et constellé d'images décalquées. À chaque voiture qui me croisait, je m'attendais à ce qu'elle fasse demi-tour et me rattrape. Le pire, c'était quand on me dépassait, alors je détournais la tête, portant les yeux à droite, sur la campagne, jusqu'à ce que je me souvienne que le casque dissimulait mon visage. À plusieurs reprises, j'avais frôlé la bande d'arrêt, la motocyclette avait failli se cabrer, mais chaque fois, j'avais réussi à la stopper. C'est grâce à cela, peut-être, que Jiři m'avait abandonné les clefs. Ce que je préférais, c'était sillonner les bois quand la lumière filtrait, poussiéreuse, entre les arbres et que la route était un tapis miroitant. J'avais l'impression de voler sous les hêtres, les pins et les bouleaux, en rase-mottes. Jiři m'avait prescrit de ne pas trop m'éloigner, pour éviter que toute l'affaire éclate au grand jour si je me retrouvais coincé quelque part. J'explorais donc mon territoire jusqu'à ses confins imaginaires. C'était le pourtour d'un domaine dont j'aurais pu rentrer à pied, si je m'étais retrouvé en panne sèche, si j'avais eu un pneu crevé, ou si je n'avais pas réussi à faire repartir le moteur. Bientôt, je m'étais mis à éviter les routes pour suivre à travers champs les pistes bétonnées, interdites à la circulation, qui dans la forêt se muaient en chemins forestiers. Je m'étais perdu à deux ou trois reprises, mais j'avais fini par arriver là où je voulais. Juste en face de la forteresse s'élevait un mont boisé, moins accidenté et rocheux que les autres massifs de la région. Un plateau qui ne tombait à pic que sur les côtés, et là, sur le flanc exposé au château, il y avait une grotte.

Au début, j'ai cru que Jiři ne soupçonnait rien de notre fugue. Mais j'ai bientôt compris la naïveté de cette supposition, en voyant à quel point il se démenait pour moi. Son gros crâne dégarni surgissait chaque fois que je traversais le préau ou que j'étais en route pour le jardin de l'école. Matin et soir, Jiři était cramoisi. Il logeait dans l'école même. Un gardien des lieux, un esprit qu'un sortilège liait au préau, à la salle de gymnastique et à la cour, avec le noyer en son centre. Il voulait peut-être rendre possible pour Vito et moi ce dont il rêvait lui-même. Il trouvait toujours un prétexte pour me glisser quelque chose dont il savait pertinemment que j'aurais besoin. Je crois que jusqu'à la fin, je n'ai rien dit à Jiři de notre fugue. Il était au courant, d'une façon silencieuse et implicite. La petite remise dans laquelle la mobylette m'attendait, son réservoir toujours plein d'essence, se transforma en un relais de distribution. J'y trouvai de vieilles couvertures de la défense civile, deux bidons d'eau, des biscuits militaires et du chocolat. Au fur et à mesure, je transportais ces choses dans la grotte.

Vito avait commencé par être jaloux, quand je lui avais parlé du vélomoteur, mais je l'initiai à mon plan. Nous prenions place au milieu des outils rouillés, des cisailles et des bouteilles d'engrais. Nous laissions la porte entrebâillée.

Un mince rayon de soleil courait comme une corde lumineuse autour nos jambes, sur le réservoir de la mobylette et jusqu'en haut, sur la planche où Jiři déposait nos provisions. Ainsi nous étions liés. Vito, moi, et aussi Jiři, bien qu'il ne se montrât jamais quand nous étions ensemble. J'avais parlé à Vito de la grotte, en face de la forteresse. C'était la mi-septembre et si nous voulions partir, c'était le moment, tant que les nuits étaient supportables et les journées assez longues. Bien sûr qu'ils finiraient par nous retrouver, mais nous voulions leur jouer un mauvais tour : aux maîtres, aux amis que nous n'avions plus, aux beaux-parleurs du village, aux prétentieux qui savaient tout, aux chuchoteurs impitoyables que seuls leurs commérages maintenaient en vie.

C'est un lundi que je pris pour la dernière fois la route sans Vito. Les bretelles du sac à dos me sciaient les épaules. L'eau dans les deux bidons ballottait de-ci, de-là pendant que je me battais contre les ornières du chemin forestier. Je laissai le vélomoteur où je le laissais toujours : derrière une pile de bois qui semblait pourrir là depuis des années. Un sentier montait à flanc de coteau. Deux cents mètres que même Vito arriverait à franchir. La caverne n'était pas profonde. Dix, quinze mètres peut-être. Vers le fond, la voûte s'abaissait sensiblement. On ne pouvait accéder aux derniers mètres qu'à quatre pattes. L'espace s'amenuisait pour former comme un long entonnoir éternellement humide, que jamais sans doute aucun promeneur n'explorait. La plupart d'entre eux restaient dans la partie antérieure, où on avait aménagé un petit foyer, entouré de quelques sièges grossièrement taillés dans des troncs d'arbre. À cet endroit, le sol était sablonneux et sec, le vent y parvenait, et plus tard dans la soirée, même le soleil. Je n'avais pas à redouter que quelqu'un déniche mes affaires. Je les avais déposées dans l'extrémité la plus sombre de la grotte que même moi, je n'atteignais qu'en rampant. Jiři m'avait offert une lampe de poche. Peut-être parce qu'il pensait que quand on veut partir, on a besoin d'une lampe de poche. La nôtre consistait en un lourd cylindre métallique strié pourvu d'un collecteur réglable qui rassemblait la lumière en un faisceau, ou qui la diffusait, large et jaune, dans l'espace. Ainsi, j'avais découvert une petite niche du côté droit de cet entonnoir. C'est là qu'était ma resserre, que j'avais tapissée avec une bâche en plastique. Je tenais un décompte scrupuleux de tout que j'y avais déposé : quatre salamis hongrois, quatre morceaux de fromage, douze tablettes de chocolat de l'armée, douze paquets de biscuits de l'armée et six paquets de pain croustillant. En guise de batterie de cuisine : deux planches à découper en bois, deux tasses, deux couteaux, deux fourchettes, deux cuillères, trois chiffons. J'y avais ajouté les cigarettes tordues que nous n'avions pas réussi à fumer quand j'avais emmené Vito à travers champs dans la brouette. Et maintenant, six litres d'eau. À l'époque, j'ignorais la quantité de liquide que l'on boit chaque jour.

Quel soulagement, quand je me suis réveillé, de voir les reflets du soleil au plafond. Je m'étirai. Ma chambre, le matin, était le contraire de notre grotte remplie de ténèbres et de crottes de souris. Le soleil allait faciliter les choses. Je pensai à Vito et me secouai. Mon hésitation me paraissait enfantine. En secret, j'admirais Vito, même si jamais je ne le lui aurais avoué. La bouche serrée en un trait blanc, il essayait de tenir mon rythme, notre rythme à tous, qui étions encore indemnes ; à la gymnastique, il grimpait aux perches à la force des biceps. Il était musculeux, déjà, alors que moi, j'avais encore mes bras d'adolescent.

Je me glissai à la cuisine, au rez-de-chaussée. Mon père était parti depuis longtemps prendre son service à la Wismut.

Vito et moi, nous avions décidé d'aller à l'école comme d'habitude, puis de ne pas rentrer. Ainsi, on aurait quelques heures d'avance, jusqu'au soir. De l'avance. Quel mot. Je n'osais pas regarder ma mère dans les yeux. J'attrapai mon sandwich et filai. Ce n'est que lorsque j'eus atteint le coin de la rue du village que je jetai un regard en arrière. Je pensais à elle qui déjà, certainement, était en train de préparer le repas de midi qu'il n'y aurait plus qu'à réchauffer. Je me représentais la facilité avec laquelle elle exécutait tout cela, la sûreté somnambulesque avec laquelle elle tranchait, hachait et rôtissait. Je n'avais jamais vu de sparadrap sur ses mains. Ses doigts, déliés et intacts. À la pensée des mains de Maman, je me détournai, je serrai plus étroitement mon cartable sur mon dos et partis d'un pas assuré rejoindre Vito qui m'attendait, appuyé au montant de la porte. C'est ce dont nous étions convenus. Nous partirions sans le fauteuil roulant, nous le couperions comme on coupe une ancre, pour nous élancer vers la liberté.

Les heures d'école s'éternisaient. Je croyais à chaque mouvement brusque que nous allions nous trahir, que le maître allait nous démasquer. Il avait une tête de souris. Il ne lui manquait que les moustaches. Du bout de sa baguette, il suivait la côte de la RDA sur une carte muette, s'arrêtait sur certaines îles dont nous devions noter le nom. Je faisais de mon mieux. Il me semblait quelquefois que nos regards se croisaient remarquablement souvent, qu'il pointait son museau pointu dans ma direction, avec ses petits yeux fureteurs. Lorsque la cloche sonna, la peur me gagna, diffuse, qu'il pourrait m'appeler. Il était devant, près du tableau noir, on défilait devant lui et on posait notre feuille avec les noms des îles hâtivement griffonnés, biffés, puis réécrits, sur la pile qu'il tenait déjà à la main. J'ai tout d'abord gardé la tête baissée, puis je me suis dit que c'était probablement le meilleur moyen d'éveiller ses soupçons, même si je ne voyais pas trop de quoi il pourrait me soupçonner. On ne savait jamais. Je laissai Vito sortir, je me rangeai parmi ceux qui défilaient en dernier devant le tableau noir. Je saluai tout en songeant, farouche, au revoir qui serait le nôtre, me demandant surtout quand il aurait lieu.

Pendant les trois dernières heures, j'avais été incapable de garder les pieds en place sous le banc, mes mains étaient fébriles. J'étais heureux chaque fois que nous avions un devoir ou quelque chose à calculer. Sinon, je gribouillais, sortais les crayons de ma trousse pour les y remettre un à un jusqu'à ce qu'ils soient tous rangés en bon ordre sous leurs ganses. Je me faisais petit, tâchant de ne pas attirer l'attention. Vito était nerveux, lui aussi. Je le voyais. Personne ne s'en apercevait, mais cela ne m'échappait pas, même de l'autre bout de la classe. Vito était tendu, un muscle prêt à la détente.

Nous avons suivi la rue du village avec les autres, en lambinant et en poussant des cailloux du bout du pied. Peu à peu, le troupeau s'est dispersé. Salut, et chacun son chemin habituel. Du moins l'avons-nous fait croire à tous. J'avais recommandé à Vito de m'attendre à la sortie est du village. À deux cents mètres du panneau, il y avait en bordure du champ une vaste enceinte en béton dans laquelle, en automne, on stockait parfois les betteraves. Là-bas, dans les buissons, j'avais caché le chariot à bras bleu de Jiři, monté sur des roues à pneus, dans lequel il transportait toutes sortes de choses à travers la cour. Vito devrait s'asseoir dans ce chariot. Nous aurions bien pu nous asseoir tous les deux sur le vélomoteur, mais je n'osais pas prendre Vito sur la selle. Et il y aurait ainsi de la place pour ses béquilles et pour nos cartables.

Au jardin de l'école, tout était calme. On n'y faisait pas grand-chose, en automne. Le matin, les petites classes cueillaient des framboises et des mûres ou coupaient des fleurs pour décorer la salle des maîtres. L'après-midi, les plates-bandes étaient délaissées. Je jetai un regard circulaire, puis je poussai la porte et je me faufilai dans l'appentis. Elle y était, la Simson verte. J'avais presque espéré trouver le débarras vide. Alors tout aurait échoué et tout aurait été différent pour Vito et moi. Peut-être. Un filet à provision pendait au guidon, et dedans, deux bouteilles de bière se balançaient, qui ne disaient rien d'autre que : Je sais tout. Bonne chance. Votre ami Jiři.

À l'ombre de l'enceinte en béton, j'ai coincé la poignée de la charrette à bras dans le support métallique situé derrière la selle. J'ai entortillé une cordelette autour, si bien que le timon, tout en ayant du jeu, ne pouvait pas se décrocher. Nous n'avions que cet essai, une seule chance. Je n'avais pas testé ma construction avant et je n'étais pas sûr que nous pourrions démarrer, avec le poids de Vito derrière moi. Nous ne parlions pas. À un moment, j'ai gueulé à Vito d'appuyer plus fort son doigt sur le nœud. Il l'a fait sans protester. Quand il m'a semblé qu'il n'y avait plus rien à améliorer, j'ai lancé le moteur et je me suis mis en selle. J'ai fait deux tours à l'intérieur de l'enceinte. Le chariot, avec ses pneus gonflés, sautillait sur le gravier. Dans les virages, la poignée du timon coulissait le long du support métallique situé derrière le siège, comme je l'avais pensé.

Ça marche, j'ai crié à Vito. Ça marche.

Tout en pétaradant et en riant, j'ai fait encore une boucle, pour m'arrêter pile devant Vito. Vito a posé ses béquilles dans la remorque. Il a trébuché, perdu l'équilibre un instant et s'est appuyé sur moi de tout son poids. Nous nous sommes ainsi trouvés dans une sorte d'étreinte que nous n'avons pas dénouée tout de suite. Je sentais la ceinture scapulaire de

Vito, je sentais qu'il devenait, lentement, un homme. Il s'est dégagé. Je l'ai hissé dans la remorque, toujours inquiet de voir la mobylette basculer et Vito atterrir dans la gadoue. Il s'est installé à peu près confortablement, en rembourrant le chariot avec nos cartables, à l'avant et à l'arrière. Et puis il n'y a plus rien eu à faire. Il était assis dans la remorque comme il avait été assis dans la brouette. Un petit roi qui attendait que nous partions en voyage. J'ai levé les yeux au ciel, sans trop savoir pourquoi. Peut-être parce que dans les films, c'est ce qu'on fait, avant de se lancer dans une entreprise hasardeuse.

Assis sans bouger, j'ai lancé le compte à rebours, à partir de dix. C'était l'instant du décollage, quand le silence était suspendu sur Baïkonour. La steppe kazakhe s'étendait à l'infini. De la vapeur s'échappait des circuits de refroidissement et entourait la fusée dressée. L'herbe étincelait. Sinon, rien ne bougeait, tandis que quelqu'un terminait le compte à rebours dans la centrale. Pourtant, notre objectif était différent. Nous voulions laisser le centre de commande derrière nous. Nous voulions sortir de l'orbite du village, nous ne voulions plus rien capter, plus rien entendre, ne plus être obligés à rien. J'observai que Vito déplaçait un peu son poids et faisait sauter les installations d'accrochage. Le bruit du moteur résonnait dans l'enceinte de béton. Il me semblait aussi résonner sous l'immense ciel bleu qui s'étendait au-dessus de nous. J'ai donné des gaz, j'ai accéléré aussi doucement que possible, et nous avons pris notre course. Je n'osais pas risquer un seul regard en arrière. À partir de maintenant, le moindre virage, le moindre écart serait fatal.

Quel départ, quelle équipe sous le commandant Vito. Les buissons fuyaient à côté de nous, les sillons se fondaient selon un schéma hypnotiquement changeant, comme si nous allions toujours plus vite, alors même que mon père, sur son vélo de service, nous aurait facilement rattrapés. Je plissais les yeux en une fente et guettais, m'attendant d'une minute à l'autre à voir quelqu'un, à reconnaître quelqu'un qui pourrait nous stopper. De temps à autre, je tournais la tête de côté et je sondais la campagne, prêt à entendre une sirène ou une voiture qui se rapprochait. Il n'arriva rien de ce genre.

Pas mal, pas mal du tout, a crié Vito

J'éclatai de rire dans le vent, ouvris la bouche tout grand et me couchai sur le guidon. Déjà, nous étions à dix minutes du village. Déjà, nous avions derrière nous deux collines, quatre champs et deux petits bois, un fossé rempli d'eau, trois embranchements, quatre piles de bois et un chevreuil mort qui reposait, comme exposé, sur un talus. Plus nous avancions, plus grandissait ma certitude que nous arriverions à bon port. Le paysage défilait. Parfois, j'entendais Vito prononcer quelques mots, sans que je comprenne exactement ce qu'il disait. Devant nous surgit la silhouette allongée du massif rocheux couvert de forêt, sur le flanc ouest duquel se trouvait notre grotte. Une dernière fois, nous avons quitté l'aveuglante clarté des champs pour entrer dans le jeu d'ombres du chemin forestier. Que ce serait aussi facile, je ne l'avais pas imaginé. Chaque geste était rodé. Je cachai la motocyclette derrière la pile de bois. Je plaçai le chariot à côté. J'arrachai quelques branchages pour recouvrir le tout tant bien que mal. Vito m'observait et chuchotait quelque chose en souriant. Il avait eu froid pendant la course. À présent, le sang lui montait aux joues. Il était tout rouge.

Derrière notre grotte, une ravine moussue menait au sommet, très peu accidenté. En géographie, nous avions appris qu'autrefois, ici en haut, des paysans labouraient les champs et cultivaient des céréales. J'aidai Vito à franchir le dernier escarpement. Une mer de fougères s'étendait à nos pieds, entrecoupée de quelques herbages clairsemés. Nous avons suivi le sentier qui longeait le bord du plateau. Aujourd'hui, il me semble que c'était la dernière fois que nous foulions notre enfance en train de s'ébouler. Derrière les pins, la vapeur du soir flottait, rose. Nous marchions en nous tenant l'un à l'autre, en nous appuyant l'un sur l'autre. Je pensai à ma mère qui en coupant le pain, devait déjà de temps en temps lever les yeux et se demander où je pouvais bien être fourré. Je n'en dis pas un mot, et Vito non plus, s'il avait lui aussi ce genre d'idées. Nous voulions faire le tour du plateau, mais nous avions mal évalué ses dimensions, alors nous l'avons traversé en biais en foulant les fougères qui baignaient nos jambes. Une petite mer de verdure que nous avons fendue pour rejoindre le sentier de l'autre côté du plateau. La lumière déclinait à vue d'œil, ce n'étaient plus les longues soirées d'été, avec l'interminable glissade du crépuscule. Nous ne devions plus redouter de voir surgir des promeneurs, ni que quelqu'un ait l'intention de dormir dans notre grotte. Ainsi, j'escortai Vito le long de la ravine, sortis la lampe de poche de mon cartable et rampai en direction de nos provisions communes. J'installai nos lits, étendis deux bâches sur le sable et disposai dessus les couvertures. Puis, sur une bille de bois, j'apprêtai notre souper. Je sortis de l'ombre du pain croustillant, un morceau de fromage et un salami et tout à coup, je réalisai combien j'avais soif. Tout le jour, j'avais oublié de boire. Vito aussi, avala avidement trois gobelets d'eau. Puis je sortis les deux bouteilles de bière du cartable.

Avec les salutations de Jiři, dis-je, et Vito d'ouvrir de grands yeux. Mais d'abord, à table.

Ça, je l'avais appris de mon père, qu'il fallait avoir une *base.* Vito se régalait. De manière générale, il me semblait insouciant, comme si nous étions en course d'école. Plus il faisait sombre, plus je pensais à la maison. À ma mère qui depuis un bon moment, certainement, avait jeté un coup d'œil dans ma chambre, pour vérifier que je ne m'y étais pas retiré sans rien dire pour faire une blague, comme il m'arrivait parfois de me fourrer au lit pour pouvoir lire en paix.

Je regardais Vito mastiquer, tout content, recrachant dans le sable les plus gros bouts de gras du salami. Je le regardais sans savoir si j'éprouvais de la joie ou de la pitié, ou une sourde colère. Quel que soit le dénouement de cette histoire, tout serait de ma faute. J'en étais l'instigateur. Lui, il était celui qui était à plaindre, celui que j'avais entraîné dans le tourbillon de mes folles idées d'escalade et d'aventures. En face, sur la forteresse, les lumières s'allumèrent, bien moins nombreuses à l'époque qu'aujourd'hui, où les différents corps de bâtiments sont illuminés par des projecteurs et visibles de tous les coins de la montagne à des kilomètres à la ronde. Ce soir-là, quelques lanternes projetaient jusqu'à nous une lueur jaune. Sinon, il faisait sombre, et plus sombre encore nous parut la gueule béante de la caverne, derrière nous, qui à présent, le soir venu, exhalait dans notre nuque son souffle humide. Vito dévorait une tranche de salami après l'autre tandis que j'examinais les bouteilles de bière que j'avais posées sur une bille de bois. De la vallée, les rumeurs de la Ville-qui-n'en-est-pas-une montaient jusqu'à nous. C'était le moment. Je sortis mon canif de ma poche. Il ne comportait pas beaucoup d'outils. Pourtant, il me fallut un moment pour trouver le crochet arqué à l'aide duquel on pouvait décapsuler les bouteilles. Tout d'abord, je remis tout en ordre. Je passai un chiffon sur les planches à découper, recueillis les épluchures de salami et ramassai jusqu'au moindre petit bout de papier. Nous ne devions laisser aucune trace.

Les bouteilles sifflèrent brièvement quand je les ouvris. La mousse déborda sur mon pouce et mon index. Je la léchai et j'avalai les premières gouttes de ce mélange insolite d'amertume et de douceur. J'aidai Vito à se mettre debout. Nous nous soutenions l'un l'autre et chacun, dans sa main libre, tenait sa bière. Nous avons entrechoqué nos bouteilles, comme je l'avais vu faire à mon père quand ses collègues venaient en visite.

À notre fugue, j'ai dit.

À notre fugue, a lancé Vito en direction des frondaisons. Euphorique, il a brandi sa bouteille à bout de bras. Dans l'intervalle qui séparait la voûte rocheuse de la forêt, les étoiles scintillaient.

Nous nous sommes rassis sur les sièges grossièrement taillés, nous avons siroté nos bières par petites gorgées en levant les yeux, comme nous l'avions fait si souvent au pied de notre bloc de rocher. Une légèreté inouïe m'envahissait. J'étais monté dans une capsule et je me catapultais jusqu'aux étoiles. Parents, maîtres, amis – tous des êtres bizarres sur une planète bizarre que j'étais sur le point de quitter. J'étais Gagarine, propulsé dans l'univers, environné de brume et flottant. Le vent soufflait dans les branches et j'avais vraiment la sensation de voler, à voir le paysage bouger autour de moi. Vito était assis à côté en posture de commandant, la bouche entrouverte, rêvant et sifflotant doucement. Il était le premier cosmonaute à savoir faire ça : siffler. Alors que mentalement, nous faisions les calculs les plus compliqués, j'entendais les mélodies sans pesanteur de Vito. Nous nous étions libérés de l'attraction de tous. À côté de moi, le commandant Vito était assis et son sifflotement nous projetait à travers l'univers. J'étais son ingénieur de bord, j'avais préparé notre expédition pendant des jours et des jours, avec Jiři le mécano, le technicien de l'espace en blouse de concierge, qui disposait d'instruments dont les Russes ne pouvaient que rêver. La bouteille s'allégeait, s'allégeait dans ma main, et lentement, nous avons touché le sol de notre planète à nous. Gagarine s'était borné à tourner autour de la Terre, les Américains avaient touché la Lune, tandis que nous, propulsés par notre rébellion, nous avions rejoint un autre système solaire. Lentement, nous pénétrions dans l'atmosphère de la planète dont nous voulions nous emparer. Nous n'étions pas des fuyards, non, nous étions des conquérants. L'entrée dans l'atmosphère me brûlait les joues. La chaleur inondait mon corps. Je le savais : les tuiles de la capsule d'atterrissage étaient maintenant chauffées à blanc. Un petit choc. Je glissai à terre, étourdi par l'impact, je m'enroulai dans la grossière couverture militaire et commençai à prendre possession de notre planète, en dormant.

Je m'éveillai de bonne heure. Je grelottais, ma bouche était sèche. Indécise, la lumière flottait dans la forêt. J'avais prévu qu'après la bière, je me sentirais moins bien, c'est ce que tout le monde disait. Je me souvenais vaguement que je m'étais levé une fois pour pisser. La forteresse était allongée, noire, contre la nuit. Je ne savais même plus comment j'avais regagné la bâche et ma couverture. Vito dormait, la couverture tirée jusqu'au nez. L'humidité faisait friser sa chevelure encore davantage. J'enviais son sommeil. C'était l'heure à laquelle mon père, sur son vélo de service, pédalait à travers champs pour se rendre à la Wismut. Il m'en avait parlé souvent. Il roulait par tous les temps, qu'il neige ou qu'il gèle. Et comme le monde vous assaille, quand le gel vous mord les doigts ou que la pluie vous colle les habits à la peau, c'est alors que l'on sait où l'on finit, et où commence l'extérieur. Ce trajet, aujourd'hui, dans la paisible clarté de l'automne, je le lui avais saboté. Mais mes pensées n'allaient pas plus loin. Il m'était impossible de me représenter ma mère, c'était comme si cette nuit-là, il était arrivé quelque chose à ma mémoire. Je me demandais si, peut-être, ma mère était allée fumer en cachette derrière la maison, ainsi qu'elle le faisait parfois, quand mon père était à la mine et que la rue était si morte qu'elle n'avait même pas à craindre les regards des voisins. Mais je n'arrivais pas à visualiser ma mère. Je me chuchotais à moi-même les choses qu'elle faisait ou avait faites: téléphoner à la police, peut-être, puis attendre l'arrivée d'un brigadier, répondre aux questions, parler de Vito et de sa jambe, offrir au brigadier un café au lait ou une tartine, puis raconter encore, puis refermer la porte derrière lui en se demandant comment faire pour ne pas s'en faire. Se mettre au lit sans pouvoir dormir et demander à mon père ce qu'ils avaient fait de faux, s'ils n'auraient pas dû m'envoyer dans un internat. Et puis, une fois mon père endormi au milieu de la conversation, filer pieds nus derrière la maison pour fumer, en chemise de nuit blanche, comme un fantôme, si bien que tous les voisins avaient vu que quelque chose clochait. Rentrer dans la maison, s'enrouler dans les couvertures et dormir deux heures d'un sommeil agité. Et nous en serions alors au même point: à moins d'une demi-heure de vélomoteur l'un de l'autre, dans la même paisible lumière matinale qui déjà, portait en elle l'automne. Et peut-être que mon père était encore là, ou peut-être pas, ingénieur chimiste, il était responsable de tous les processus dans la mine. Quelquefois, il devait y aller même à Noël, et c'est pourquoi, d'ailleurs, nous avions le téléphone. Je pouvais penser à toutes ces choses, mais l'image de ma mère m'échappait ce matin-là, sa silhouette avait disparu, radiée de ma conscience.

Vito se retournait dans son sommeil. Je m'assis, tâtonnai pour trouver la lampe de poche, et rampai vers la sortie de la caverne pour aller chercher de quoi petit-déjeuner.

À force de réfléchir, j'avais oublié ma soif, elle n'avait fait que croître depuis mon réveil. J'empoignai le premier bidon que je pus trouver, dévissai le couvercle et le posai un instant sur l'une des billes les plus hautes pour prendre une tasse. Dans le mouvement que je fis pour me retourner, je heurtai le tronc du pied. Le bidon bascula, l'ouverture vers le bas, sur le sol. Avant que je puisse le rattraper, il était vide et l'eau, en quelques secondes, aspirée par le sable comme par une éponge. Je restai un instant comme figé. Puis je me mis à jurer et à donner des coups de pieds aux bûches, si bien que Vito se réveilla en sursaut.

Nous avons mangé le petit déjeuner la gorge nouée, biscuits militaires, pain croustillant et chocolat. Nous nous sommes accordé trois gorgées du bidon qui restait. Dans ma confusion matinale, j'avais vidé celui qui était plein. Vito m'adressait à peine la parole, il gardait ostensiblement les yeux fixés sur la pente, sur la forêt, en contrebas. Il me semblait qu'il le faisait comme s'il guettait quelque chose entre les troncs, un être que lui seul pouvait voir, mais finalement, tout cela n'était que l'air qui scintillait. Ici et là, une feuille descendait vers la terre comme au ralenti, alors je voyais Vito se crisper, comme si un événement formidable se préparait. Je me rappelais sa mère, les semaines où, au village, elle faisait comme s'il y avait quelque chose à voir derrière moi, jusqu'au jour où elle avait perdu contenance. Je ne savais pas si cela allait encore m'arriver, et cette fois-ci, avec Vito. Mais il se raidissait dans son rôle de personnage inaccessible, portant sa colère avec dignité. Je l'avais arraché à son rêve et je savais que c'était à moi de réparer la chose. Heureusement, le temps était stable. Les nuages d'altitude s'étaient dissipés. Les murs de la forteresse flamboyaient dans la lumière chaude du matin. Seule notre grotte était à l'ombre. J'enroulai les bâches, puis les couvertures militaires. Je ramassai les papiers de biscuits, effaçai nos traces dans le sable et rangeai minutieusement nos provisions dans notre resserre au fond de la grotte. C'est la seule fois, ce matin-là, que je parlai un peu longuement avec Vito. Je lui expliquai qu'il était trop dangereux de rester dans la grotte. Non seulement elle était appréciée des promeneurs, mais chacun, en plus, devait se douter qu'elle offrait une cachette parfaite à deux adolescents de treize ans. Je me sentais comme au rapport devant museau-de-souris, quand on devait donner des détails sur nos activités de pionniers. Vito me faisait face, avec gravité. Le commandant Vito, qui dirigeait son équipage sans lever lui-même le petit doigt. Le problème, c'est que je constituais cet équipage à moi tout seul. Il me donnait des ordres, de ses regards farouches et silencieux. Alors j'exposai le plan suivant au commandant Vito : j'irais chercher de l'eau et pendant ce temps, lui resterait en haut, sur le plateau. Vito acquiesça bel et bien. Je lui offris mon bras, l'enlaçai fermement par le torse et la taille et grimpai avec lui par le fossé moussu qui conduisait sur la hauteur dont la veille encore, ensemble, nous avions arpenté les bords.

Et qu'est-ce qu'il faut que je fasse, ici en haut ? demanda Vito.

Attendre, lui répondis-je en lui adressant un regard aussi farouche que celui qu'il m'avait lancé.

Il y avait une chose qui ne m'avait pas effleuré : qu'il nous faudrait une occupation. Je n'avais pas emballé de livre, pas même une poignée de billes. Je redescendis sans me retourner et empoignai le bidon vide. Je bus encore quelques gorgées avides en me servant dans le second. Vito, lui, pourrait rester tout le temps assis, tandis que moi, j'avais de la route à faire.

De l'eau, Vito, de l'eau, criai-je de loin en levant le bidon en l'air comme un trophée. J'avais repéré Vito, silhouette solitaire au-dessus d'une mer de fougères. Il était au bord du plateau. Je voyais qu'il se baissait pour ramasser des pommes de pin qu'il jetait en bas, ce qui représentait pour lui un certain effort. À chaque jet, Vito faisait un mouvement compliqué avec ses béquilles. Je pensais au champion de ricochets qu'il avait été. Il faisait rebondir les galets plats presque jusqu'au milieu de l'Elbe.

De l'eau!

À mon second cri, il se retourna. Je brandissais tant bien que mal le bidon plein et courais vers Vito à travers les fougères. Il attendait, dans l'étrange position qui lui était devenue familière. Les béquilles plantées en avant du corps, la jambe gauche légèrement en arrière, comme prêt à tout moment à se catapulter en avant, tel un félin. Je lui montrai le bidon en racontant comment, après avoir un peu cherché, j'étais tombé sur une sorte de source; dans une rigole verticale, il y avait de l'eau qui dégoulinait sous un entrelacs de racines. J'y avais posé le bidon et j'avais attendu. Au bout d'une demi-heure, le bidon était plein. Je dévissai le bouchon et Vito flaira l'eau qui était étonnamment claire, presque sans salissures. Vito y plongea le doigt, le retira et le lécha, comme s'il s'agissait d'un liquide inconnu qu'il voulait goûter. Je lui dis que j'en avais aussi pris une gorgée. Sauf que ma soif était modérée, puisque le matin, j'avais bu un peu d'eau de l'autre bidon sans que Vito le sache.

Alors nous pouvons passer au déjeuner, maintenant, dit Vito.

En effet, le soleil indiquait déjà midi passé. Ma recherche avait duré plus longtemps qu'il m'avait semblé.

Je ne repartirai pas d'ici avant ce soir, dit Vito. C'est trop dur pour moi, de descendre, puis de remonter, et d'ailleurs personne ne nous cherche.

Qu'est-ce que tu en sais ?
Tu as des oreilles ?
Oui, et alors ?
Comme tu peux l'entendre, on n'entend rien, dit Vito. Pas la moindre sirène, pas une voix, pas un chien. Rien.
Vito disait juste. Je gardais les yeux fixés sur les fougères peignées par le vent et je ne savais pas si j'étais fatigué ou malheureux. Je *voulais* que mes parents me cherchent. En pensée, je les en suppliais. S'ils me cherchaient, c'est qu'ils m'aimaient, alors je voulais entendre quelque chose, je voulais voir quelque chose. Vito avait raison. Seule la forteresse trônait, impassible, en face de nous.
Je vais aller chercher à manger, dis-je, soulagé d'avoir trouvé une occupation qui me permettrait d'être seul. Je montai le repas. Nous avons mangé en silence. Vito, comme la veille, dévorait des quantités énormes de salami. Tout en vidant près du quart du bidon. Pour ma part, je n'éprouvais ni soif ni fringale particulières. Une fois le repas terminé, je redescendis toutes les affaires dans notre réserve, dans la grotte. Les cigarettes me retombèrent sous la main. Maintenant, nous avions le temps de fumer. Et il n'y avait pas de vent. J'examinai les tiges tordues, tournai et retournai le sachet en plastique et le remis dans notre resserre. Je voulais être seul. Vito, sans mon aide, ne bougerait pas de là-haut. Il n'avait qu'à lancer ses pives encore un moment.

J'errais dans la forêt avec inquiétude, toujours dans l'ombre des flancs abrupts. Si on venait à ma rencontre, je pourrais me jeter dans un fossé ou me blottir dans l'un des nombreux renfoncements moussus. Je cessai bientôt de guetter entre les troncs. Je cessai de tendre l'oreille dans le vent, alerté par le moindre bruit ou le son le plus ténu. Je pensais à ma mère, j'essayais de retrouver son image. Je songeais que tous les deux, elle et moi, nous faisions la même chose, au fond : vagabonder, errer sans repos. Notre maison était toujours rangée scrupuleusement. Je ne pouvais pas me rappeler avoir vu une seule fois de la vaisselle dans l'évier, ou des corbeilles à linge pleines. Le jardin était bêché, les plates-bandes sarclées, ma mère était constamment en quête de travail. Elle saisissait le moindre grain de poussière comme prétexte pour nettoyer. Pour ma part, je détestais rentrer de l'école et trouver ma chambre transformée en musée : la couverture sans un pli, les livres empilés, tous mes vêtements utilisés rangés en tas. Il m'arrivait de penser que ma mère déraillait un peu, dans son affairement, toujours à courir après quelque chose à faire. Elle était seule, c'était un vide immense qu'elle essayait de remplir d'une activité fiévreuse. J'en prenais conscience tout en tuant le temps, en cette journée d'automne. Je n'avais aucun but, exactement comme ma mère. Pour moi, c'étaient des heures, pour elle, c'étaient des années. Mais à présent, nous avions échangé les rôles. Je commençai à compter mes pas, je commençai à ramasser des cailloux et à les lancer contre des troncs. J'y tins une demi-heure, une heure peut-être. Puis je revins à notre grotte, sortis les planches à découper, les tasses et les couverts et nettoyai et astiquai le tout avec le torchon. Puis je lissai le sable sous mes semelles. De la vallée, les rumeurs du bourg montaient jusqu'à moi et je songeais à ce que je donnerais pour pouvoir faire quelque chose de cette journée. Je m'ennuyais de mon banc d'écolier. Même les péroraisons de museau-de-souris me paraissaient supportables, à présent. Lorsqu'il n'y eut plus rien à faire dans la caverne, j'allai au tas de bois pour contrôler le vélomoteur de Jiři et la remorque. Aucun des pneus n'était dégonflé. Je tapotai le réservoir qui rendait toujours un son sourd, plein. L'accrochage du chariot et de la mobylette avait également tenu, si bien qu'il ne me resta rien d'autre à faire qu'à tout recouvrir de branchages. J'étais là, dans cette forêt sans fin de pins et de bouleaux, et j'eus peur de ce calme indifférent qui m'entourait, impassible, ici, à l'abri du plateau. Alors même que j'étais enfermé dans une bulle hors du temps, ainsi ma mère devait diriger toutes ses pensées vers un seul but, à présent. Maintenant, il y avait quelque chose sur quoi elle pouvait concentrer son attention. Et c'était moi.

J'imaginais que le brigadier était revenu dès le matin. Toute la rue était à l'affût derrière les rideaux quand sa voiture était passée. Probablement que ma mère avait préparé du café et des tartines. C'était sa contribution aux recherches. Ensuite, ils s'étaient assis ensemble à la cuisine parce que la fenêtre de la cuisine donnait sur le jardin, à l'arrière, et que personne ne pouvait épier depuis le chemin à travers la haie. Peut-être que le brigadier avait mordu dans une tartine au fromage, perdu dans ses pensées. Mon père n'était pas encore reposé de ses recherches nocturnes. Il était peut-être assis à côté de ma mère. Possible qu'il se soit décidé à poser sa main sur la sienne. Le brigadier racontait où ils m'avaient cherché. Mon père racontait où lui m'avait cherché. Et puis il n'y avait plus rien eu à dire. Et ce rien devenait toujours plus grand. C'était le même rien qui m'environnait ici, et en plein milieu de ce rien immense, j'entendis Vito qui, à pleins poumons, hurlait mon nom.

Il me fallut un moment pour découvrir Vito sur le plateau. Seule sa tête dépassait des fougères. Il était assis.

Te voilà enfin qui rappliques, aboya-t-il en me voyant. J'étais soulagé de l'entendre aussi furieux. À sa façon de crier, j'avais cru qu'il lui était arrivé quelque chose.

Je veux descendre, dit-il.

Nous nous sommes toisés. Vito avait l'air pâle, épuisé. La sueur perlait sur ses tempes.

Ça va? j'ai demandé.

Pas trop, a-t-il répondu.

Sa fureur avait fondu. Il levait vers moi un regard las, clignant des yeux à contre-jour. Je l'ai empoigné sous les aisselles, l'ai relevé. Il répandait une odeur bizarre. Il me fallut un moment pour comprendre qu'il devait avoir vomi. Je ne savais pas quoi dire. Je sentais battre mon cœur jusque dans le cou. Vito s'appuyait sur moi de tout son poids. Il avait de la peine à marcher. Au bout de quelques mètres, il s'arrêta net, posa une main sur son ventre et se plia en avant, comme traversé par une crampe.

Ça ira, a-t-il murmuré, ça ira. Il faut juste que je m'allonge un peu.

La lumière filtrait entre les troncs, en rubans poussiéreux sur les fougères. Une sorte de forêt enchantée avec nous, deux drôles de silhouettes. Nous avions perdu toute superbe. Ce n'était plus le commandant Vito et moi, son ingénieur de bord, dans une entreprise grandiose. Nous étions redevenus deux garçons de treize ans, tout seuls sur ce plateau rocailleux qu'enveloppait le soir. Avec une lenteur incroyable, nous approchions de la ravine qui devait nous ramener à la grotte. Mon dos brûlait, bras et jambes me brûlaient, Vito était si lourd. Je jetai un regard à la forteresse, en face. J'entendais les bruits du bourg, en bas dans la vallée. Tout cela était loin, inaccessible. J'espérais que Vito n'avait besoin que de repos, rien de plus, mais plus je me cramponnais à cette idée, plus elle me paraissait invraisemblable. Je pouvais sentir les crampes qui le tenaillaient. Là où nous nous touchions, j'avais la sensation que sa faiblesse se communiquait à mon propre corps. Avant de nous engager dans la descente, le long de la ravine, je jetai un dernier regard circulaire. Le plateau vibrait. Les fougères, l'herbe, les pins rougeoyaient dans la lumière orangée de septembre. Pour la première fois, je souhaitai ardemment que quelqu'un nous retrouve, mais jamais je ne l'aurais avoué à Vito.

Je dépliai les bâches devant Vito dans le sable. Il était assis sur une bille et même assis, il tenait à peine en équilibre. Sur les bâches, je déployai ma couverture. Vito se laissa tomber en avant et s'allongea. J'étais assis au-dessus de lui, je le regardais sans savoir que faire. Il évitait mon regard et se tourna bientôt sur le côté. Peut-être qu'il avait honte. Je me mis donc à le veiller. Je n'avais pas faim, bien qu'à en juger par la lumière, l'heure du repas du soir fût passée depuis longtemps. Quelle journée, quelle journée vide. Jamais de toute ma vie je ne m'étais autant ennuyé. Et en même temps, mon cœur battait. Je ne pouvais presque pas tenir mes mains et mes pieds tranquilles. Je ne pouvais qu'attendre, comme mes parents attendaient, comme le monde entier attendait. Sous les branches et les feuilles, la mobylette attendait. Je songeais qu'en une demi-heure, tout pouvait prendre fin. L'ennui et l'inquiétude en même temps. J'éprouvais une envie irrépressible de mettre le moteur en marche et de foncer à travers champs, comme je l'avais fait auparavant. Et je savais aussi que ce temps ne reviendrait pas. Que j'avais rendu tout retour en arrière impossible, avec la sottise que nous étions en train de faire. Nous étions partis par défi, convaincus que nous n'avions besoin de personne, ni de nos parents, ni de l'école, ni du village tout entier. Comme elle me semblait belle, l'histoire que j'avais inventée pendant l'orage, quand j'avais raconté à Vito que la foudre avait frappé et que l'école et toutes les maisons avaient disparu dans un ouragan de flammes. Vito était tombé dans un sommeil agité. Il avait replié sa jambe saine contre son ventre et se roulait d'un côté et de l'autre. Je pensai tout d'abord qu'il était éveillé. Je me penchai au-dessus de lui et vis ses pupilles clignoter sous les paupières. Il dormait. Je me sentais incapable de rester assis à son chevet. Je pris une gorgée d'eau propre et me levai. Soudain, je me rappelai qu'au milieu des provisions, il y avait un crayon et un carnet dans lequel j'avais noté tout notre inventaire. Je suivis la ravine qui montait au plateau et m'assis au point de vue situé juste au-dessus de notre grotte. Vito n'avait même pas besoin d'appeler fort, je l'entendrais. Je sentais la nuit ramper jusque dans mes os. Le vent s'était levé. Je pouvais entendre souffler des rafales dans les pins. Le bruissement était tantôt proche, tantôt lointain. Les étoiles les plus basses semblaient changer sans cesse de couleur, entre rouge et vert. Je me demandai au premier abord si ce n'était pas un avion que j'apercevais au loin, mais je compris ensuite que c'était le vent, l'air, qui sans cesse, brisait la lumière. Je déposai la lampe de poche sur une pierre à côté de moi, son faisceau lumineux tombait sur le carnet. Le papier, à la lumière frisante, semblait ridé, un petit tas de fibres et de poils. J'écrivis :

Vito malade. Bu de l'eau impure. C'est ma faute. J'aurais dû descendre en ville et demander de l'eau à quelqu'un. Personne ici ne sait que nous avons fugué. Ma faute. Nuit. J'ai peur.

Je me réveillai parce que j'avais l'impression d'avoir entendu la voix de Vito. Sans que je puisse m'en souvenir, je m'étais endormi sur le plateau. Les cris de Vito résonnaient dans la forêt. Je me précipitai vers lui par la ravine, glissai, dégringolai en partie sur le ventre, mais sans me faire mal. Vito sur sa couverture se jetait de part et d'autre.

Quand il me vit penché au-dessus de lui, il me regarda. Je vis luire le blanc de ses yeux. Inutile de lui poser la main sur le front. Il dégageait une chaleur inouïe. Nous avons échangé un regard. Un long regard, conscients, tous les deux, que notre fugue prenait fin. Je sentais mes forces revenir. Je devais emmener Vito loin d'ici. C'était mon but, et j'étais reconnaissant d'en avoir retrouvé un.

Je reviens, j'ai dit et j'ai répété : Je reviens. Je me suis précipité vers la pile de bois, en bas. Le cône de la lampe s'agitait fiévreusement dans la forêt. Des contours de rochers, de branches, de troncs, qui commençaient à se métamorphoser. Des souches qui bougeaient. Mais je n'avais plus le temps d'avoir peur. J'ai arraché les branches qui recouvraient le vélomoteur et l'ai hissé, avec la remorque, sur le chemin. J'ai vérifié en hâte la fixation entre le timon et la poignée métallique, derrière le siège. Puis je suis remonté, hors d'haleine, et j'ai chargé Vito sur mon dos, comme je l'avais déjà fait. Sa respiration me brûlait la nuque. Je me sentais mal, l'effort et la proximité fiévreuse de Vito. Je n'avais pas de main libre pour la lampe de poche. Alors, prudemment, j'ai avancé à tâtons dans la nuit. Mes pieds étaient mes yeux. J'ai descendu le sentier en traînant les pieds. Je heurtais parfois un trou ou une racine, mais chaque fois, je parvenais à reprendre mon équilibre. Vito pesait, incroyablement lourd et brûlant. Il m'enlaçait de ses deux bras, tenait ses mains croisées sur ma poitrine.

On arrive, j'ai dit à Vito en sentant le sentier forestier sous mes pieds. On arrive. J'ai répété ces mots, les ressassant, jusqu'à cc qu'ils deviennent une mélodie, une petite ritournelle.

J'avais appuyé la mobylette et le chariot contre la pile de bois. Ainsi, j'ai pu déposer Vito à l'intérieur sans rien renverser. J'ai repris la lampe en main et suis remonté à la grotte. J'ai éclairé le gosier humide qui nous avait tout d'abord engloutis, puis recrachés. J'ai attrapé les deux couvertures. C'était comme si la caverne se refermait derrière moi, deux énormes mâchoires dentues qui retombaient en grinçant l'une sur l'autre. J'ai essayé de persuader Vito de rester immobile. Je ne sais pas s'il m'entendait. Il ne me quittait pas de ses yeux écarquillés. Derrière les troncs montait, blanchâtre, la première trace de l'aube. Au-dessus de nous, la silhouette du massif rocheux se dessinait. J'ai lancé le moteur. Vito gémissait sous les couvertures. Il ne pouvait pas s'allonger, la remorque était trop petite. Il était appuyé dans un angle et parvenait à peine maintenir le buste droit.

Bouge pas, j'ai crié. Bouge pas.

Nous avons démarré en tanguant. L'aurore naissait, pâle, dans la forêt. Je pouvais deviner le chemin et je roulais sans phares. Les arbres volaient à nos côtés. Un froid tunnel de roches et de feuillages. J'essayais de guetter par-dessus mon épaule pour savoir comment allait Vito, mais je n'osais pas me retourner vraiment. Peu avant que nous nous engagions à travers champs, un chevreuil a surgi du sous-bois. Le guidon a tremblé dans mes mains. Je me suis arrêté, j'ai repris mon souffle. Vito se tenait dans son coin, vaillamment dressé. On arrive, j'ai dit, et j'ai redémarré. On arrive. La piste en dalles de béton passait entre les champs. Devant moi, la campagne était vaste et vide. Je me penchais très bas, la tête en avant. Nous avons pris de la vitesse. Les sorbiers luisaient en grappes rouges à côté de moi. Du coin de l'œil, j'ai perçu un mouvement, une ombre qui volait. Je ne sais plus. À cet instant, le vélomoteur s'est cabré dans une fente entre deux dalles. La roue avant s'est soulevée un instant. Je l'ai reposée fermement et j'ai poussé un cri en remarquant que l'engin était plus léger. J'ai fait un énorme bond en avant et j'ai été éjecté en oblique par-dessus le guidon. J'ai roulé sur une partie du talus, pour rester finalement étendu de tout mon long. Au-dessus de moi, les dernières étoiles brillaient dans le bleu. Bleu, bleu, bleu, pensais-je. Tout à coup, le souvenir de Vito est revenu. Je me suis relevé et j'ai vu la remorque, d'abord, puis Vito, inanimé dans l'herbe. Je me suis approché de lui comme en transe. Il ne saignait pas. Avait les yeux ouverts. Respirait.

Tu m'entends? Tu m'entends?

J'ai pris son visage entre mes mains. Ses lèvres remuaient, sans produire aucun son.

Je vais chercher du secours. S e c o u r s. En ouvrant grand la bouche, je formais chaque lettre, avec insistance, comme on l'avait appris en première année. Puis j'ai posé un baiser sur le front de Vito et je suis parti en courant dans le petit jour.

J'ai fixé avec Christina une heure et un lieu de rendez-vous. Vendredi à 11h, à l'arrêt de bus du dernier village avant la frontière. Soit elle y sera, et nous prendrons un week end de congé, soit elle n'y sera pas. Depuis trois jours, je suis déjà dehors avec la Petite. La nuit, il m'a d'abord fallu m'habituer aux bruits. Depuis le temps, j'ai oublié le son que ça fait, quand une branche bat contre une autre, le bruit des arbres qui travaillent à la moindre bourrasque. Il n'y a pas de silence. Il n'y a pas d'absence de bruit, ce sont seulement d'autres sons que l'on entend. La nuit, tout se détache avec netteté. Tout est remuement, grattement et craquement. Combien de fois j'ai sursauté, croyant reconnaître un schéma, un rythme, comme des pas réguliers. Qui dit structure dit présence. C'est cela que je redoutais, avec la Petite à mes côtés, qui appuie ses mains et ses pieds contre moi en dormant sur notre bâche avec les nattes isolantes disposées dessus. Mais la Petite a le sommeil de Christina. Les nuits précédentes non plus, elle ne s'est pas réveillée une seule fois. Ce doit être ça, le sommeil que je n'ai jamais connu, ou dont je ne me souviens plus : livré au monde qui nous entoure, où qu'on se trouve, sans défiance, en sécurité parmi les choses. Comme si tout était toujours bienveillant, sans dessein, sans effroi. Même si je sais moi-même qu'au fond, rien ne peut nous arriver, c'est plus fort que moi. Un instinct ancestral. C'est ce que je me dis, et je ne sais pas ce que cela vaut, comme justification, d'avoir presque l'impression de voir bouger les étoiles qui scintillent entre les branches, comme si dans cet étrange état de veille, tout se délitait en une vision accélérée. Des heures captées en quelques secondes, la fulgurance des étoiles filantes, les orbites sur lesquelles se déplacent tous les astres, le va-et-vient incessant des pins. En guise de musique de fond, ce mélange singulier de fascination et de peur, un décor rempli d'échos et de semblants d'échos. C'est peut-être aussi notre fugue, avec Vito, qui me reste jusque dans la moelle, ces deux nuits anciennes, où je m'étais tenu prêt à bondir, l'oreille toujours tendue, au cas où quelqu'un viendrait nous chercher.

La Petite ignore tout de mes angoisses. Elle ne sait pas qu'on peut se faire du souci, en ce bas monde. Le sparadrap qu'elle portait encore ce matin au-dessus du sourcil est tombé. Main dans la main, nous sommes partis. Christina m'avait préparé un tas avec les affaires de la Petite. J'ai tout emballé. Il n'y a pas beaucoup de place dans le sac à dos, parce que la Petite y est assise. Le sac à dos n'est qu'un grand siège, confortablement rembourré. Dessous, il n'y a guère d'espace pour les bagages. Sur les côtés, j'ai fixé deux sacs pour mes quelques effets personnels, pour la nourriture et pour l'eau. Ensuite, il n'y plus rien eu à faire. La Petite n'a pas pleuré quand Christina est partie au travail. Christina a baissé la vitre et sorti le bras par la fenêtre en guise d'adieu, tout en descendant lentement la rue. Quand elle a tourné dans la rue du village, elle a actionné les feux de détresse. Un bref éclat jaune qui, dans mon souvenir, apparaît bien plus lumineux que ce matin-là. Ça clignotait : *Prenez soin de vous*, ou bien *À toi, maintenant*, ou bien *Quoi encore.*

Nous avons pris le chemin du jardin d'enfants. Une tondeuse à gazon ronronnait. Les gens palabraient par-dessus la clôture. Je les ai salués. Ils ont salué en retour. Mon bain dans l'étang des pompiers n'avait intéressé personne, au fond. Et si ça avait été le cas, eh bien on ne me le faisait pas savoir. Nous sommes passés devant le jardin d'enfants. Les enfants ont couru à notre rencontre, ils se sont glissés par les trous de la haie pour venir s'appuyer à la clôture grillagée. Quelques-uns envoyaient à la Petite des baisers ou tendaient les mains à travers le treillis. J'ai dû expliquer où nous allions, pourquoi le sac à dos était aussi grand et pourquoi la Petite avait cessé de venir au jardin d'enfants. Les éducatrices nous ignoraient. Je les voyais, assises sur l'escalier, les genoux relevés contre le buste. L'une d'elles fumait. Les enfants bavardaient gaiement. Un petit de cinq ans environ, derrière d'énormes lunettes, nous dévorait des yeux. La Petite serrait des mains et il y avait surtout une chose qu'elle était : fière. J'étais moi-même petit et silencieux parce que je ne savais pas ce que ça avait été, pour la Petite, d'aller tous les jours au jardin d'enfants, alors que notre maison était proche et que je n'allais pas travailler.

Et tout à coup, j'ai vu la Petite devant moi, couchée par terre, elle hurlait. Un instant, elle a eu le souffle coupé. Puis elle a pris une grande inspiration. Un son rauque, douloureux. J'étais là, debout parmi les dernières maisons du village, face à la campagne. Le ciel bleu et haut. Moi-même minuscule dans ce cri formidable. Ma fille était là, par terre, ma Petite. Un peu plus loin, le grillage du jardin d'enfants où apparurent les visages des éducatrices, brièvement, le temps de comprendre que cette scène n'avait aucun rapport avec leurs enfants. Sinon, des maisons, des haies. Un monde impénétrable, comme autrefois, quand j'avais porté Vito sur mon dos. Mais à présent, c'était la Petite qui était étendue devant moi. Je me suis penché, je lui ai posé la main sur le dos. Son corps si raide que je ne parvenais pas à l'attraper sous les épaules. J'avais le vertige. J'ai regardé mes mains, un moment, j'ai regardé mes quatre mains, jusqu'à ce que je comprenne que je ne voyais pas double. La femme qui était à côté de moi chantait doucement, elle a caressé la Petite assez longtemps, et sa tête, et son dos, jusqu'à ce qu'elle puisse se relever. La Petite hoquetait et reniflait. Je pensais : maintenant, nous allons filer dans les champs, mais je n'ai pas échappé à l'élan d'affection, pas plus qu'à mon propre soulagement. La Petite n'avait qu'une ecchymose et une bosse au-dessus du sourcil droit. C'est de ma faute, ai-je pensé. Encore une fois. La Petite tenait la main de la femme bien serrée, comme si ç'avait été sa grand-mère. Nous avons traversé un jardinet fleuri. La maison semblait avoir poussé dans un parterre de fleurs, le crépi jaune citron, le toit couvert d'ardoises. Des piérides voletaient au-dessus des buissons. La Petite a sagement retiré ses souliers. J'ai tripoté mes lacets, refusant de lâcher la Petite d'une semelle, comme si elle avait pu s'évaporer d'un seul coup. Même s'il n'y avait pas les brochures que j'avais vues chez Vito, je savais dans quel genre de foyer nous étions entrés. Dans une maison correcte, comme il faut, nettoyée et rangée, avec placard mural, petits tapis en dentelle et à la cuisine, un calendrier illustré de la belle patrie.

La femme a demandé où nous voulions aller.

J'ai répondu dehors dans les bois, au pied des rochers.

La femme a secoué la tête, ou je me suis imaginé qu'elle le faisait tout en s'affairant autour de la cuisinière.

Bientôt, la Petite s'est retrouvée devant une grande tasse de cacao, elle a reçu en plus un sparadrap et des biscuits.

Je parcourais la pièce des yeux, examinais le bloc de cuisine, louchais dans le séjour par la porte entrouverte sans savoir ce que je cherchais. Tout si bien rangé si anodin, et pourtant, derrière toutes ces choses, il me semblait qu'un autre monde se dissimulait.

Lorsque la Petite eut mangé le dernier biscuit, elle m'a regardé, l'air de se souvenir soudain de son Papa, de notre projet de partir là-bas, dans les bois. Tout à coup elle a souri et ce sourire m'a rendu plus léger.

Bientôt, on s'est retrouvé sur la route.

La Petite a fait des signes d'adieu.

J'ai remercié.

Pas de quoi, a répondu la femme et elle est rentrée dans sa maison jaune citron.

Pour sortir du village, la Petite m'a donné la main. L'asphalte a fait place à la terre battue, et nous sommes arrivés dans les champs. La montagne miroitait devant nous. La Petite s'est arrêtée, minuscule devant l'immensité poussiéreuse des hauts plateaux. Je l'ai serrée dans mes bras, je regardais le vent courir dans les blés. Puis je l'ai soulevée pour l'installer dans son siège et j'ai ajusté les bretelles. Elle n'allait pas tomber une deuxième fois. Je lui ai raconté l'histoire de L'Oie d'or, du grand rire de la Princesse, et puis celle du Roi-grenouille. La Petite voulait savoir ce que voulait dire : *Dans les temps anciens, quand les souhaits servaient encore à quelque chose.* J'ai essayé de le lui expliquer, mais sans arriver au point où la Petite aurait compris pourquoi les souhaits ne servaient plus à rien. Bientôt j'ai senti son corps ballotter à chaque pas. J'ai sorti le coussin de millet de la poche latérale et l'ai coincé entre le sac à dos et mon épaule. Les cheveux de la Petite me chatouillaient la nuque. Des hêtres géants pointaient des vallées, même de loin, on pouvait les distinguer comme des arbres isolés. Je me suis mis à fredonner, plutôt dans mon for intérieur qu'en prêtant ma voix aux mélodies. Vaguement, je pensais aussi à Vito, et comment je l'avais porté sur mon dos. J'ai passé mes deux mains par derrière et j'ai touché les pieds de la Petite. J'étais en sueur, mais intérieurement, j'ai continué à chanter, et bientôt un peu de façon aussi à ce que la Petite, dans son rêve, ressente peut-être ma voix.

Chaque matin, nous observons le temps qu'il fait. J'essaie d'expliquer les nuages à la Petite. Nous voyons des cirrocumulus, minuscules agneaux très hauts, et leurs parents plus gros, qui surgissent toujours vers midi au-dessus des plaines. Je déballe des petits moules à sable et nous essayons de faire marcher un troupeau d'éléphants à travers la forêt. Je creuse dans le sous-sol humide, là où le sable devient gris, mêlé à de la terre, et la petite est ravie. Nous cueillons des myrtilles quand nous trouvons des touffes, ou nous courons sans but à travers la forêt. Les fougères débordent autour de nous. Quand nous entendons ou voyons venir des promeneurs, nous nous laissons tomber. Par-dessus nous, un toit vert de palmes ondoyantes. La Petite attrape ma main et nous pouffons de rire parce que nous sommes tombés hors du monde. À midi, portant la Petite endormie dans son petit siège, je grimpe sur les longues montagnes tabulaires tournées vers la Tchéquie et j'arpente les plateaux. À l'aveugle, je touche la Petite qui dort paisiblement derrière moi. Et de même, en pensée, je tâtonne vers Christina, je m'efforce de me représenter ce qu'elle fait dans notre grande maison vide.

Nous avons été là-haut, sur le récif. Derrière nos orteils, les couronnes des arbres tanguaient si fort que pris de vertige, nous devions relever les yeux. Très haut, quelques cirrus filaient vers le sud. La lumière se brisait pour former un halo. Un mince arc-en-ciel de glace. Jan veillait sur le sommeil de la Petite. Lorsque je regardais Christina, je voyais quelques mèches de ses cheveux dans la lumière basse. Je voyais ses jambes nues, le duvet sur ses genoux. Je lui avais dit de venir pieds nus et elle l'avait fait, par amour pour moi. Je voulais prendre la main de Christina, mais je ne l'ai pas fait. Les mots commençaient à venir comme d'eux-mêmes. J'ai dit à Christina que je voulais sortir la Petite du jardin d'enfants, qu'à partir de maintenant, je voulais passer mes journées avec elle. J'ai aussi parlé de notre Café, qui n'existerait pas. La silhouette de Christina, à côté de moi, m'apparaissait d'une légèreté diaphane, comme si elle pouvait à tout instant déployer ses ailes, ainsi qu'elle l'avait fait dans mon rêve où elle était avec la Petite. Mais si elle s'envolait, je voulais partir avec elle, là-bas dans l'automne, même si c'était encore l'été et que la voiture de Jan me rappelait que la Petite dormait dans la maison, dans notre maison.

Un faucon veillait au-dessus de la forêt, en vol stationnaire. D'habitude, nous nous montrions tout, dès que nous apercevions quelque chose. Les papillons, les mésanges, les bleuets au bord des champs. Mais ce faucon, il fallait le regarder chacun pour soi. Christina a levé la tête. Elle a essayé de me regarder dans les yeux. J'ai détourné le regard. Le faucon a tourné contre le vent, s'est élancé face à la lumière, plus haut, et le suivre des yeux faisait mal.

J'ai montré à Christina les cuvettes rocheuses dans lesquelles, avec Vito, nous avions sauvé les têtards. Maintenant, en été, chaque anfractuosité était à sec. J'ai raconté comment les bocaux, dans nos mains, scintillaient. Ensuite, Christina et moi avons fait quelques pas en équilibre par-dessus les entailles et les arêtes jusqu'au flanc ouest du massif rocheux et nous avons plongé les yeux sur le village de mon enfance. J'ai parlé de Jiři, de l'appel des pionniers, de mes excursions en vélomoteur, de la préparation de notre fugue, là-bas dans la grotte. Tous ces endroits étaient si proches, toutes ces choses qui s'y étaient déroulées. Nous nous sommes allongés sur le grès, et j'ai décrit comment l'orage avait roulé par-dessus moi, comment le tonnerre vibrait dans mon dos. J'observais Christina du coin de l'œil, et j'éprouvais une angoisse que je n'avais pas ressentie durant l'orage. J'ai songé que je devais paraître fou à Christina, un type dont on ne veut pas trop savoir ce qu'il pense, afin de ne pas devenir fou soi-même. Mais Christina écoutait. Si elle me prenait pour un fou, elle n'en laissait rien voir.

Vito avait été chez elle en traitement plusieurs fois. Un patient affable, impénétrable. Un peu distant peut-être. Et après qu'il n'était plus venu, après trois ou quatre fois, Christina l'avait oublié.

Nous étions assis tout au bord, face à la vue. La nuit tombait lentement. Le vent s'est levé si bien que la girouette s'est mise à grincer. Nous nous étions tout raconté et je ne savais pas quelle conséquence ce *tout* aurait. Il y avait peut-être quelque chose à comprendre pour Christina. Peut-être pas. Je ne voulais pas le lui demander. Le regard portait loin. Du côté ouest, les lumières de la ville commençaient à papilloter, agitées, la ville où Christina avait grandi et où j'avais atterri avec mes parents quand les choses, au village, étaient devenues intenables. C'était aussi cette ville qui nous avait réunis. Un monde commun, là-bas, où nous avions été deux étrangers. Christina s'est détournée. J'ai tout de même aperçu ses larmes. Elle était tout à fait calme. C'est cela qui était le plus dur.

Nous sommes redescendus par un goulet étroit. Entre les parois, il y avait, coincés à plus ou moins grands intervalles, des madriers en bois. Il n'y avait pas de rampe. Nous posions le pied d'échelon en échelon, à l'aveuglette, et nous avions confiance, sûrs de trouver un appui. Plus bas, le boyau se resserrait pour former un défilé sablonneux dont le fond était juste assez large pour laisser passer une personne. À droite et à gauche, le grès s'amoncelait. Les vingt derniers mètres, il faisait si sombre qu'il fallait avancer à tâtons, sur les orteils nus. Nous marchions l'un derrière l'autre. Christina a pris ma main. Parfois, elle s'arrêtait avant de faire le pas suivant et je la heurtais. Je respirais sa chevelure, je sentais ses hanches contre les miennes et je pensais aux longues nuits, ailleurs, lovés dans notre souffle. J'espérais que Christina, peut-être, se retournerait, mais elle tâtonnait sans relâche, en descendant, jusqu'à ce que les parois s'écartent et que nous reprenions pied dans la forêt. Nous avons fait le tour du massif sans entendre personne. Nous avons coupé à travers champs. À côté de moi marchaient le garçon que j'avais été et Vito, avec ses deux jambes. La Voie lactée s'est levée. J'aurais bien attiré Christina contre moi, mais j'ai pensé qu'alors, peut-être, je ferais encore plus de dégâts.

Ce sont les pommiers et le ciel, que j'ai suivis. L'appel troublant de l'air qui, derrière le pare-brise et les feux arrière, tournoie dans les allées, sur les petites routes campagnardes, quand tout bruisse et tambourine. On ne les voit pas, les turbulences, les bouffées d'air qui voltigent, mais elles sont là, soulèvent les feuilles mortes, courbent les herbes entre les troncs. Moi, entraîné par cet appel irrésistible, et Christina aussi, mais cela suffit-il à justifier sa présence ici ? Un effroi saisit tous mes membres, un éveil brutal. Ce qui tenait lieu de raison s'est volatilisé.

Dans mon rêve, j'ai vu notre maison nue dans le paysage. Nous trois à l'intérieur. Rien que nous trois. Tout ce qui nous avait attirés ici était tombé. Les murs s'effritaient, si bien qu'on voyait un vide gigantesque miroiter à travers les brèches. Un vide semblable à de la lumière. Christina était baignée de cette lumière, une silhouette aux contours nets. Ses cheveux étincelaient. Son corps a plané, immobile, avant de s'élever d'une seule impulsion. Un faucon. Une forme minuscule, ailée, au-dessus du paysage incandescent, et moi, aveuglé, je la perdais de vue.

Il commence à faire jour. Nous dormons tournés vers l'est. Je vois un ourlet laiteux border la ligne sombre dentelée de l'horizon. Dans les plaines qui s'étendent entre les monts tabulaires, les villages rougeoient. Le nôtre aussi. Bien que je ne sois pas sûr de pouvoir le distinguer d'ici, en réalité. À quelques pas de l'extrémité de nos sacs de couchage, la falaise plonge de trente mètres dans la forêt. Quand je dérive pour quelques minutes, je sursaute et je tâte la Petite, à côté de moi. Une folie, peut-être, de dormir ici. Le sentier passe plus haut. Il suffit de descendre un peu et de se diriger vers un passage étroit, sur le flanc. Brusquement, le rocher s'ouvre et la vue s'étend bien au-delà des montagnes, jusqu'à la ville où ma mère vit encore. Elle s'installe à la fenêtre, pose les coudes sur un coussin et tourne les yeux vers la montagne. Ses ongles vernis en rouge, comme au temps où elle était secrétaire à la fabrique de papier. Elle ferait tout pour la Petite et je suis content que nous ayons un sujet de conversation : ce que la Petite dit, ce qu'elle vient d'apprendre, si elle mange ceci ou cela. Ma mère fait cuire les macaronis et sort le gâteau du four. Longtemps, j'ai pensé qu'un jour, elle se tournerait vers moi, dans son tablier de nylon bleu à fleurs, qu'elle se retournerait, jetterait un regard sur moi et puis un autre sur le gâteau, dans ses mains, puis qu'elle prendrait une grande inspiration et me demanderait pourquoi je suis revenu. Plusieurs fois, j'ai eu l'impression que la phrase allait s'échapper de ses lèvres, mais avec le temps, j'ai compris que cette question, justement, elle ne me la poserait pas. C'est ainsi que d'un accord tacite nous causons pâte à modeler, poupées et vaccins. Tout comme ma mère ne me pose aucune question sur notre vie, il n'est pas non plus question qu'elle vienne nous rendre visite. Notre région, c'était le territoire de mon père. Je pense au bonheur de mes parents, à l'époque où j'étais encore petit, et où Vito n'était qu'un camarade de bac à sable. Mon père n'était pas idiot. Il savait où il travaillait. Il savait qu'il ne lui restait plus beaucoup d'années pour battre en retraite. Et puis toute la chimie l'avait rattrapé, les saumures radioactives. Toute cette saloperie des Russes, comme il disait. C'est pour cela que ma mère ne vient pas nous voir. Peut-être.

Je vais trop vite pour la Petite, mais elle ne veut pas que je la porte. Viens, je lui dis, mais elle cherche des myrtilles, ou un joli caillou pour sa collection. Lorsque j'entends une voiture, au loin, j'imagine Christina, qui a fermé notre maison à clé, et qui nous rejoint. Entre les troncs, les premières maisons luisent. Le chemin fait place aux dalles de béton. L'arrêt de bus se trouve près d'un rond-point, exactement au milieu du village. J'épie entre les maisons, mais je ne vois rien, à part des tas de compost, des palissades et des bâches. Je tends l'oreille. À présent, c'est la Petite qui se précipite en avant. Elle me tire derrière elle. Tout s'embrouille. Ça sent le diesel et le foin. Les dalles de béton font place à l'asphalte défoncé. Des cerisiers sont semés le long du chemin. Les étourneaux chahutent. Je lève les yeux, vois des branches et le ciel. Les maisons défilent à côté de moi. La Petite me tire par la main, fort, comme si elle connaissait le chemin. Je vois l'immense tilleul du village. Mon regard est comme figé dans le bleu, jusqu'à ce que j'ose baisser la tête. La Petite se jette sur Christina. Je me jette sur Christina.

Tu as oublié mes affaires, dis-je à Christina en m'apprêtant à mettre le sac à dos dans le coffre.

Non, je ne les ai pas oubliées, dit Christina en me regardant en face. Elle s'est légèrement maquillée, comme elle le fait seulement quand nous partons ensemble.

Je comprends. Il n'y a plus rien d'incompréhensible, désormais. Je m'approche de la Petite, je lui donne un baiser et la serre dans mes bras. Maintenant c'est Maman qui s'occupe de toi, dis-je. Papa doit encore aller chercher quelque chose. Je remets le sac à dos. Quand j'ai fait quelques pas, je me retourne.

Je regrette, dis-je, à ma propre adresse plus encore qu'à celle de Christina.

Elle installe la Petite dans sa nacelle. La Petite, maintenant, ne roule plus en arrière, mais en avant. Elle est ravie.

De ne plus devoir marcher. Peut-être. Elle ne fait pas de signes d'adieu, elle ne me regarde pas. Sans protester, elle se laisse attacher avec la ceinture. Le siège et la plage arrière sont couverts de sacs et de sacoches. Je prends la direction de la forêt. Les pneus crissent derrière moi sur le gravier du caniveau. Je sais que la petite va me faire des signes, qu'elle va dévisser la tête à en avoir mal.

Il me faudra un moment pour arriver. Je pose un pied devant l'autre. J'essaie de ne pas penser à notre voiture en train de rouler sur les petites routes, les allées de pommiers. Je mets le cap sur le village, toujours attentif à choisir d'autres chemins que ces derniers jours avec la Petite. J'essaie de voir tout cela : les pins, les bas-côtés érodés des chemins, les villages dans leurs niches forestières. J'aimerais bien des nuages mais je ne trouve pas la moindre trace de blancheur. Le ciel est haut et bleu. Un ciel de fin d'été, comme si la vitre de l'automne, déjà, miroitait. C'est ce ciel que je désire : très haut, une nuée de cirrocumulus, pas trop denses, pas de menace de pluie imminente, mais plutôt comme un trouble, un rappel qu'il y a toujours quelque chose qui peut changer. Un petit quelque chose qui reste à découvrir, mais si ténu qu'on peut vivre avec. Exactement comme une maladie peut toujours nous tomber dessus, sans qu'on y croie réellement, ou comme, à la radio, on perçoit dans le grésillement un souvenir de la naissance des étoiles. Dans chaque mélodie, dans chaque chanson, il doit y avoir ce bruit, de même que dans mes journées, l'inquiétude se cache en tout temps, même quand je ris. Des cirrocumulus, donc, et ensuite peut-être un reste de stratocumulus, gris et filandreux dans un coin du ciel, dispersés par le vent. Ils semblent menaçants. La Petite ne les aimait pas, mais ils n'apportent pas de pluie. Ils sont les fanfarons parmi les nuages, ils s'étirent, ils s'allongent, sans qu'il faille avoir peur d'eux. Ils passent sans laisser aucune trace. Il m'arrive de souhaiter que le temps vécu avec Vito, et tout ce qui est arrivé après soit ainsi : passé, sans peur. Les journées de l'enfance au village, les années d'adolescence dans la cité aux logements préfabriqués, les études, l'étranger, et tout le reste. Et puis des cumulus nés des courants thermiques, de la chaleur du jour, quand vraiment, il se passe quelque chose, quand le présent existe et qu'on fait défiler un troupeau d'éléphants de sable dans la forêt, ou qu'on mange des myrtilles, ou qu'on se laisse tomber dans les fougères en pouffant de rire. Et dans les intervalles, toujours du bleu, de hauts débris glacés d'étoiles, comme pour rappeler qu'ici, il y a de la place pour tous, pour Vito, Christina, la Petite, les vieux, les quelques jeunes et les nazis qui vont grandir, qui deviendront alors tout autre chose. Et de la place pour moi aussi. Même pour moi, peut-être.

Il est tard dans l'après-midi quand j'arrive au village. Christina n'a pas verrouillé la maison. La clé est à l'intérieur. Je n'arrive pas à me résoudre à tirer la porte derrière moi. Je veux entendre les scies circulaires, les cars qui sillonnent la campagne toutes les heures. Et que me trouve qui voudra. La cuisine est rangée, les plaques électriques sont d'un noir luisant, chaque rebord propre, pas de lait incrusté, pas une seule tache de je ne sais quoi. La table rutile, impeccable, exactement comme le sol et l'évier. J'ouvre les tiroirs et les placards. Tous les couteaux, fourchettes, cuillères, en place. Six assiettes plates, six assiettes creuses, six assiettes à dessert. Mais dans quel conte je me trouve ? Je passe dans le séjour. Pas une brique de Lego sur le tapis, tout est rangé dans les boîtes en plastique transparent. À l'étage, dans la chambre de la Petite, je découvre les premières choses absentes; son ours en peluche et un de ses albums préférés. J'ouvre l'armoire, je tire les tiroirs, j'empile les affaires de la Petite sur le lit, je tâche de détecter ce qui n'est plus là, j'essaie, à partir des choses qui manquent, de reconstruire ce que Christina a fait pendant que j'étais en route avec la Petite. Je passe dans notre chambre, j'étale les affaires de Christina. C'est ma maison, maintenant, avec ces trous aux endroits où l'ours en peluche était assis, où le livre chéri était posé sous le mobile, où pendaient les robes de Christina. C'est par tous ces trous que ces choses ont disparu. Je déballe le sac à dos de la Petite, je caresse la tache de glace au chocolat sur le t-shirt aux petits pois, j'empile les petits justaucorps, je passe la main sur les pantalons, celui dont le fond est à moitié arraché et qui a deux grandes déchirures aux genoux, depuis le soir où la Petite ne pouvait plus s'arrêter de grimper sur un bloc de rocher assez bas et de se laisser glisser sur la face la plus raide. Quand j'extrais mon sac de couchage du compartiment inférieur, la boîte à musique et l'Arlequin sortent du même coup. Je les flaire, j'essaie de retrouver l'odeur de la Petite. Comme une framboise, elle sentait comme une framboise, déjà quand je l'avais prise pour la première fois dans mes bras, mais tout ce que je flaire à présent, c'est moi-même. Je descends à la cave. Il y a là encore quelques bocaux qui ont été oubliés quand on a vidé la maison. Gelée de coings, compote de pommes, concombres au vinaigre. Quatre rangées sur l'étagère dans un coin de la cave où la lumière ne parvient qu'à peine. Derrière, j'ai déposé le carton. Je ne sais pas pourquoi j'ai fait ça. Christina n'aurait rien trouvé à redire à ces trésors enfantins qui bel et bien, auraient pu avoir été dans la maison bien avant nous. Je pousse les bocaux de côté, glisse la main dans l'ombre. Le carton est empoussiéré, il est gluant d'humidité et de quelques crottes de souris. Je ne l'ai jamais peint, il n'a jamais été que gris, au contraire du monde qu'il contient : trois billes, deux pommes de pin, un caillou en grès dur avec des paillettes de fer et de quartz, une boîte d'allumettes, deux cigarettes aplaties, la photo d'une actrice dont je ne connais toujours pas le nom, et un tubercule de dahlia, du jardin de notre ancienne maison. Les trésors de Jiři, sauvés à travers le temps, portés à travers les années, qui sait pourquoi. Je les dispose sur la table de la cuisine à côté des affaires de la Petite, soupèse le caillou dans ma main, réchauffe les billes entre mes doigts, et me décide enfin pour le pantalon troué de la Petite. Je le mets tout au fond du carton et je range les autres objets par dessus. Ensuite je referme le couvercle, regarde le jardin, dehors, je vois le vent, le vent du village dans les feuilles des arbres fruitiers.

Je dois me concentrer pour empoigner les étais de fer avec une seule main, et ne manquer aucun des échelons. La surface du carton est fibreuse, rugueuse, presque un peu tiède. Je pense aux objets qui sont à l'intérieur et je tourne les yeux vers la campagne qui s'ouvre devant moi. Quand nous avons emménagé ensemble, j'ai badigeonné le vélo de Christina d'une laque bleue, et peint dessus des fleurs jaunes, comme des primevères. Même le cadenas, je l'avais peint avec un feutre résistant à l'eau : partout, les coucous fleurissaient. Quand le vélo a été volé, le cadenas, soigneusement tranché, était resté abandonné sous l'arbre. Christina ne l'a jamais jeté : quelques fleurs, un peu de jaune qui proliférait pour l'époque où nous nous élancions l'un sur l'autre, attirés par les lieux, les paysages que nous avions quittés. Le masque sur la bouche et une lampe sur le front, j'avais passé la nuit dans la rue, inspiré par l'idée de restituer à Christina les prairies qui encadraient la demeure familiale, de faire de chaque sortie à vélo une promenade sur les sentiers d'autrefois. J'étais imprégné d'une odeur de dissolvant et de peinture, et j'étais si bizarrement fier de ce vélo, le fond bleu, les corolles luisantes dessus, pour lesquelles j'avais découpé quatre pochoirs différents. Ensuite, puant comme je l'étais, j'avais fait un gâteau aux pruneaux pour Christina. Aux pruneaux, et non pas aux quetsches, un mot qu'on n'utilise pas par ici. Le streusel bien beurré et le fond non pas brioché, mais en pâte brisée. Des coucous, un gâteau aux pruneaux, le cadenas du vélo – c'étaient nos trésors.

À présent, je suis assis là où je suis toujours assis. Le soleil filtre mollement à travers les pins. L'ombre de notre maison touche presque la maison voisine. L'ombre est vide. Notre maison est vide. Une coque de pierre, mais bonne à quoi, qui sait, tout comme le carton que j'ai posé à côté de moi. Ma main dessus. Ma gorge est sèche. Je serre le poing, je sais ce que j'ai à faire.

Tiens, attrape ça, dis-je à Vito en lui tendant le carton. Bien sûr, il sait ce qu'il y a à l'intérieur. Le tabac tombé en poussière, les billes, les pommes de pin, toutes les années émiettées. C'est ridicule, d'être furieux contre Vito. Il prend le carton, remue les lèvres comme s'il allait dire quelque chose, mais ne le fait pas. Il disparaît à l'intérieur de l'atelier, et déjà, j'ai perdu le fil, l'idée de ce que je veux, ici, avec ces souvenirs d'enfance que Vito a emportés, à présent. Si c'était ça, que je voulais, j'ai l'impression que c'est faux. Je pense au pantalon déchiré de la Petite et j'emboîte le pas à Vito.

Je crie : Rends-moi le carton.

Il l'a déjà posé sur la table, entre deux verres festonnés d'un reste de mousse séchée. Juste à côté des objets qui sont à moi, il y a une de ces brochures facho en lettres gothiques. Le feu me monte au visage et au bout des doigts.

Je demande : Pourquoi tu lis cette merde ?

Quelqu'un l'a mise dans ma boîte aux lettres. Vito ne m'accorde pas un regard.

Tu l'as achetée au kiosque, là où se rassemblent les alcoolos, avec ou sans crâne rasé.

Vito ne se retourne pas. Avant même de savoir ce que je fais, je bondis sur lui. Je reste accroché à la table. Un verre roule sur le sol sans se briser. Pour la première fois, je constate que Vito, d'une certaine façon, semble entier. Brusquement, il se retourne et semble grandir devant moi. Ma respiration est horizontale et entrecoupée. Mais qu'est-ce qui lui prend, d'être plus grand que moi ? Pourquoi faut-il que je lève les yeux pour le regarder ? Ses boucles sont dressées, comme électrisées. J'entends l'huile grésiller dans la poêle. Une odeur d'œuf. Une répugnante odeur d'œuf, de passé et de RDA. Je m'apprête à frapper, mais Vito empoigne mon bras et le dévisse. Une douleur aiguë fuse. Appuyé contre la table, je me tords de douleur, mais cela fait du bien d'être ainsi encastré l'un dans l'autre. Je fléchis ma jambe gauche et donne un bon coup de talon, sachant que je vais toucher la jambe saine de Vito. Il chancelle brièvement. Je rejette la tête en arrière, j'effleure son visage avec l'arrière de ma tête. Il ne veut pas crier, il presse son souffle entre les dents. Nous nous fixons.

C'est ça que tu voulais ? Te battre avec un unijambiste ?

Je vois Vito faire pivoter son buste, le bras replié pour prendre de l'élan. Je sais qu'il va frapper, maintenant, mais je n'ai aucune envie d'éviter le coup. J'ai l'impression que mon cerveau vient cogner contre la boîte crânienne. Le carrelage de l'atelier presse contre ma tête. Froid. Noir. Le jour, le soir est noir.

Je refais surface sur les marches, devant l'atelier de Vito. La porte est entrouverte comme pour dire: reviens seulement, si tu en as besoin. Ça sent l'œuf brûlé. J'ai envie d'avoir mon carton, la boîte qui contient tout ce qui est important, mais il faut que je m'en aille, à présent. Je me lèche la lèvre. Elle n'arrête pas de saigner. Comment Vito a-t-il pu me jeter dehors, c'est un mystère. J'ai dans la bouche un goût de métal et d'électricité, comme autrefois quand je posais ma langue entre les pôles des piles. Le temps de réussir à marcher à peu près droit, la Ville-qui-n'en-est-pas-une est derrière moi depuis longtemps. La forêt craque et chuchote. Le vent s'est levé et il fait étrangement clair. Je ne vois pas la lune et pourtant, je projette une ombre mince. Récemment, avec Jan, nous avons parlé de Tchernobyl, des animaux qui reviennent, de tout ce qui vole et court et nage et n'a presque plus sa place ailleurs, et qui revient là-bas faire son nid. Toute une réserve naturelle, d'une catastrophe au paradis. Mais Jan dit qu'un jour ils ont posé à côté d'un loup mort un compteur Geiger et qu'il a bipé sauvagement, et que s'ils faisaient de même avec nous, ce serait tout à fait pareil. Sauf qu'il nous faudrait un autre compteur. Ici, rien n'est revenu, ni un animal, ni une plante. Ici tout a disparu, à toute vitesse. Chez nous, c'est le passé qui biperait, a dit Jan. Il chuinterait comme un flux de chaleur.

J'ai laissé la porte ouverte. Entrera qui voudra. Sur le côté du lit, à côté de moi, il y a encore les affaires que Christina n'a pas emportées. Ce sont les belles robes, les robes d'été, les élégantes, très peu d'étoffe. Je ne peux respirer que superficiellement. Il y a quelque chose qui cloche avec mes côtes. Si je ne me lève pas de temps à autre et si je ne me force pas à respirer plus profondément, j'ai des vertiges. Je me penche sur les robes de Christina et j'imagine qu'elles portent encore son odeur, bien qu'elles soient lavées de frais. Elles ne pèsent presque rien, elles s'envolent dans la nuit, comme si elles avaient des ailes. Doucement, elles descendent en vol plané jusque sur la pelouse. Il y en a une qui reste accrochée au cerisier, mais à présent, le lit est vide, exactement comme les armoires, exactement comme il faut être vide pour trouver le sommeil.

Debout sur la vire avec Vito, je lui montre la grande oreille bien découpée, juste derrière l'arête. Passe le bras à droite, dis-je, et je vois la main de Vito s'engager dans la prise. Vito hoche la tête dans ma direction et il sourit. Ses lèvres remuent sans produire aucun son, comme s'il disait merci, mais j'ai beau faire des efforts, je n'entends pas le mot. Ensuite, Vito s'élance vers le haut, une silhouette élégante, une ombre agile contre les sommets des pins. Des nuages et du bleu.

Je ne veux pas descendre retrouver Jan : un type qui a quitté sa femme, un type qui s'est battu avec son meilleur ami. Par quelle histoire Jan pourrait-il répondre à ça ? Pas un nuage dans le ciel. C'est ce même ciel sous lequel j'étais avec la Petite, hier encore. Au zénith, les hautes traînées blanches des avions s'évaporent peu à peu. Sous cette vitre bleue, il doit aussi y avoir la Petite.

Je laisse les robes de Christina traîner sur la pelouse à côté du bac à sable. Je sais que la Batik et la Casquette plate vont les espionner par-dessus la clôture. Sinon ils ne font que se crier dessus, mais cette fois, ils vont rapprocher leurs têtes pour ergoter sur ce qu'ils savent depuis longtemps déjà : que les jeunes n'ont pas su prendre les choses en main, et que la pauvre petite en fait les frais, et qu'il en va ainsi de nos jours avec les familles où tout se mélange, mère et père confondus, et c'est exactement à cela que ça devait mener, un père oisif qui rôde pieds nus dans le village, un père que l'on pouvait rencontrer à toute heure dans les bois ou dans les champs, plongé dans ses pensées ou sommeillant à l'ombre d'une haie.

Je n'ai presque plus de marques au visage et je peux de nouveau respirer, de même que les têtards grandissent en passant d'un monde dans l'autre, des branchies aux poumons, de l'eau à l'air. J'essaie de capter une étincelle de vie, mais l'étang est glauque et indifférent. S'y engloutit le temps, s'y engloutissent les pensées. Je m'assieds sur le banc situé devant le jardin d'enfants, j'épie ce qui se passe à l'intérieur, je vois les enfants qui se balancent, les éducatrices qui fument, mais la Petite, je ne la trouve nulle part. Les éducatrices parlent de moi, les genoux serrés contre la poitrine. Facile à deviner, la question, plutôt, c'est où est la Petite. C'est ici qu'elle se balançait, ses yeux grands ouverts levés vers le ciel, ses cheveux noirs au vent. Au début, elle avait encore de la peine à tenir le rythme, elle tendait les pieds trop tard et les ramenait trop tôt, mais ensuite elle a découvert comment c'est, quand le dedans et le dehors coïncident, quand le corps suit légèrement l'élan, et qu'il n'y a aucune alternative, au point de retour, sinon de lancer les jambes en avant, si bien que le monde se rue sur vous, toujours plus haut, puis un bref moment de bascule, tout en haut, et on retombe dans le monde, sauvé, immergé.

J'ai eu l'idée d'aller voir la femme qui vit dans la maison jaune citron. Elle avait réussi à consoler la Petite. Elle saurait certainement me prendre. Je n'aurais qu'à lui demander à quoi tout cela peut bien rimer. Elle me ferait du café et nous serions assis dans sa maison bien rangée, sous le calendrier avec les vues de notre belle patrie. Je dirais : Oui, c'est aussi pour ça que je suis ici. Elle ne dirait rien, et je devrais alors reprendre mon élan et dire : Je sais que vous n'êtes pas comme ça, mais qu'est-ce qui se passe ici, je marche pieds nus, c'est tout. Vous dites vrai, nous avons vécu assez longtemps loin d'ici, est-ce pour cette raison que personne ne dépose jamais de part de gâteau dans notre boîte à lait, ni le moindre petit mot, histoire de montrer que l'on pense les uns aux autres. Alors dites-moi un peu : c'est une raison suffisante ?

Et elle me répondrait à sa manière. Peut-être avec une tranche de gâteau ou un bout de pain et une rondelle de salami. Je serais tout simplement présent. Nous deux un peu en compagnie. Et cela suffirait pour savoir qu'il ne faut pas avoir peur l'un de l'autre.

Je vais là où je vais toujours. Bientôt, les feuillages se balancent au-dessus de moi. Je pousse des cailloux du bout du pied, je soulève des volutes de sable. Je me demande quel jour de la semaine nous sommes, au fond, et je prends la résolution de remettre la main sur ma montre, bien qu'il y ait des clochers soigneusement crépis, et de couleur claire. Il n'y a presque personne dans les églises, mais elles font joli dans le paysage, grâce à elles, les touristes dépensent leur argent dans les hôtels où l'on voit le paysage et rien d'autre. Aux murs, des tableaux de Caspar David Friedrich, Carl Gustav Carus et Ludwig Richter, comme pour montrer que rien n'a changé : les aiguilles rocheuses, les monts tabulaires, les lisières de forêt. C'est presque si je peux entendre l'écho de mes pas entre les troncs. Un long ruban de poussière flotte devant moi. La chaleur me monte au visage. Mes pieds fredonnent. Qu'ai-je réalisé, ici ? Rien. Christina, elle, déplie les gens. Presse ses paumes contre des muscles relâchés, fléchit des articulations et écoute les dernières nouvelles de la Ville-qui-n'en-est-pas-une : que dans l'échoppe du glacier, le café est amer, que l'un des bouchers trafique sa balance, que le maître d'auto-école est un combinard. Je poursuis mon chemin dans la forêt, je m'aperçois que j'ai dépassé notre ville de roches et que j'ai pris la direction du camp nazi. Ils n'ont qu'à venir. Que peuvent-ils vouloir de moi, banal père de famille, mais mon regard tombe alors sur mes orteils sales, je me passe une main dans la barbe. Même si je n'ai pas les cheveux bariolés, même si je n'ai pas d'épingles de sûreté piquées dans mon t-shirt, on voit de quel bois je suis fait. Ça a toujours été le cas. Je hume la forêt, mais aujourd'hui, elle ne me renvoie que des odeurs de résine et de soleil, et le parfum des fougères. Je me dirige prudemment vers le surplomb, m'attendant à chaque instant à voir un chien se précipiter sur moi, directement depuis le silence qui s'épaissit entre les blocs. Je m'assieds sur un des troncs équarris disposés en carré autour du foyer. Toute la voûte rocheuse est noircie de suie, jusqu'à la hauteur des yeux, le grès est tailladé à coup de lames. Je suis dans la caverne d'autrefois. Il n'y a pas ici de troupeaux de bêtes sauvages qui passent. Il n'y a pas de chasseurs avec des lances ou des arcs. Ici, c'est un autre passé : croix gammées, insignes SS, blindés, avions lâchant des bombes sur de minuscules silhouettes, avec le sang qui gicle de corps déformés de manière grotesque.

Je franchis rapidement les premiers mètres. La dalle me semble plus raide. Comme si l'angoisse d'autrefois me retournait les tripes. Je tâtonne vers le haut, en direction du bourrelet en surplomb, je suis soulagé que mes mains trouvent une prise, ne doivent plus épouser les creux et les bosses. Je me hisse et me retrouve là : sur la vire, la petite corniche, et je sais comment continuer, mais je dois l'oublier. Je fléchis un peu les genoux. À hauteur de hanches, il y a une cavité dans laquelle je peux enfiler le poing gauche. Je coince le pouce entre mes doigts et je tends le bras. Ainsi je remplis presque tout le trou, mais pour peu que je relâche, les chevilles se mettent à déraper. Je tends le bras droit loin pardessus le ventre rocheux, je tâtonne de-ci, de-là. Je trouve une nervure verticale que je peux saisir entre le pouce et l'index, comme avec une pince. Un tremblement léger s'empare de mon corps. Le genou gauche commence à trépider, la main coincée dans le trou me fait mal. Voilà comment ce devait être. Je déplace mon poids vers la droite, serre le pouce et l'index, puis je pose le pied gauche plus haut dans un renfoncement sablonneux. Comme au ralenti, je vois mon pied glisser. C'est comme si je pouvais le suivre des yeux sans qu'il fasse partie de moi, il descend. Glisse et glisse et se trouve arrêté brusquement. Il a retrouvé la vire. Non, je ne suis pas Vito. Je ris et je tremble en même temps, je dois veiller à ne pas être secoué et éjecté hors de la paroi. Quelques pas à tâtons suffisent, l'oreille est toujours là, bien découpée et accueillante. Les dernières tractions ne valent pas qu'on en parle. Le ciel au-dessus de moi, immense. Ce ciel sous lequel marche la Petite, elle aussi, et aussi Christina, et Vito.

Je ne suis plus l'enfant d'alors. Je ne porte pas mon bocal devant moi comme un lampion. Mais courir, je le peux encore. Je cours, comme seul peut courir quelqu'un qui a deux jambes. J'ai jeté mon t-shirt. Quand je cours à la descente, je rame avec les bras pour garder l'équilibre. Quand je cours à la montée, je me fais petit, j'essaie de dansoter. Quelquefois, je gravis deux marches à la fois, sur ce sentier de montagne qui monte en direction du point de vue et du restaurant. Celui qui sert de la soupe aux orties, des tartelettes aux poireaux. Et peut-être aussi des œufs. Comme ça puait, hier chez Vito. Ça puait l'œuf, l'enfance et la RDA. Ma bouche est amère. Ce paysage est amer. Je ne sais pas pourquoi Carus ne l'a pas vu, ni Friedrich. Ils ont fait bouillonner les brumes, les sapins sombres, une faucille de lune au-dessus de pics lointains. Mais en face de moi, il n'y a que ce restaurant qui surgit, rénové dans un style qui rappelle les Alpes, ou aussi le Canada, façon cabane en rondins, avec un passe-plat encadré de vert, à travers lequel on voit s'agiter les cuisiniers. Je ne comprends pas d'où viennent tous ces gens. Rares dans la forêt, ils sont ici en groupes. Un verre de bière à la main, ou un vin blanc panaché d'eau gazeuse, ils embrassent l'horizon du regard. Causent et rigolent. Et je suis là au milieu, je rigolerais bien avec eux, mais j'en suis incapable. Derrière moi, une cacophonie de bistrot. À la cuisine, la radio est en marche. Et accoudé avec tous les autres au garde-fou, je ne suis pas identifiable comme quelqu'un d'ici, je ne me distingue pas des voyageurs, des touristes d'un jour, des mystiques de la marche. Mais je ne vois aucun de ceux qui, sur la montagne d'en face, ont barbouillé le rocher. Et si maintenant, l'un d'eux me tombait dans les mains, je l'assommerais avec le ciel, ce dur gourdin d'azur. Et même si c'était Vito.

À un certain moment, je suis de retour au village. La hanche me fait mal. Je sens le moindre caillou, le moindre pas de travers. Les cheveux me collent sur la tête. La sueur me coule le long du dos. Le soleil caresse paresseusement les jardinets. Derrière les haies, on devine les gens. La vaisselle tinte, les fumées des grils se vautrent sur le gazon. Ma maison, je ne sais plus où elle est. Je glisse un œil à travers les troènes et les buis. Quelqu'un me hèle, mais je suis déjà loin. Brusquement, je tombe, ou je me laisse tomber. Je n'en sais rien. L'eau m'engloutit lentement. Quand j'émerge, les lentilles d'eau me dégoulinent sur le corps, une sorte de gelée. Je n'essaie même pas de les secouer de mes cheveux, je me jette encore dans l'étang, enfonce les mains dans la vase et tente de saisir ce qui pousse sur les bords, sur les rives à l'abandon. Je passe les doigts à travers les herbes comme un râteau. Tout flotte autour de moi : saleté, lianes amères, lentilles. Quelques habitants surgissent.

Tout est pourri, par ici. Il faut sortir tout ça. S'il y a le feu, un jour, comment feront les pompiers pour aller chercher de l'eau ? Vous êtes aveugles ?

Les gens restent à distance. Ma voix doit être forte. Je me jette dans les roseaux, j'arrache et je tire. Je vois un homme sortir son téléphone de sa poche. Un petit garçon se blottit contre sa jambe.

Allons bon, je m'en vais.

Je m'efforce de donner à ma voix de la douceur. Je suis un esprit des eaux, un génie bienveillant. Et maintenant, je sors des flots. Comme si un sortilège tombait, je me retrouve à pied sec et suis totalement lucide. Un ruban d'élodée me ceinture comme une écharpe.

Rentre chez toi, dit l'homme qui a un garçon accroché à sa jambe.

En entendant la voix de son père, le petit enfouit son visage derrière la cuisse.

Et si tu veux pas, on peut t'aider à foutre le camp.

Un mur, un mur ridicule. J'ai l'impression qu'il me suit, mais quand je me retourne, je les vois tous au même endroit, quelques-uns ont les mains sur les hanches, d'autres, gênés, regardent fixement par terre. Le porte-parole, un pas devant tous les autres, le téléphone au poing, crache sur le sol, à côté de son fils.

Au dernier moment, je la reconnais. Elle doit le leur dire, aux autres, que je ne suis qu'un innocent père de famille. Comme ses mains étaient douces, quand elle avait collé le sparadrap à la Petite. Vous n'êtes pas comme ça. Vous n'êtes pas tous comme ça. Voilà ce que je devrais leur lancer, leur crier. Mais je m'éloigne sans un mot. Suis un tout autre. Et chacun, derrière moi, est également un tout autre.

Je soulève le portail pour que les gonds ne grincent pas. Coincées dans la ceinture de mon jeans, il y a des feuilles, une lente coulée d'algues et de saleté descend le long du pantalon. Je l'enlève, et le slip aussi. Un léger frisson me parcourt tout le corps, mais à présent, ce n'est que le froid. C'est ce que je me dis et je vois les robes de Christina toujours étalées dans l'herbe. Celle qui est accrochée au cerisier, je la laisse, quant aux trois autres, je les ramasse. Je les flaire, les serre contre moi et rentre dans la maison.

Une bande de poussière de soleil en travers du lit. Je me redresse. Ça sent le café. Je regarde la fenêtre, elle est fermée. Pas un souffle du dehors dans la pièce, mais l'odeur est là. Je saute sur mes pieds, me précipite en bas, me précipite vers ma vie. J'appelle Christina et la Petite, je peux presque sentir son corps qui s'élance à tire d'aile dans mes bras.

Vito est paisiblement assis à table, plongé dans le journal, devant lui, deux assiettes, deux tasses, des petits pains, du beurre, de la confiture de prune. Juste à côté de mon assiette, il a posé le carton. Je fais vite un pas vers la table, saisis le carton et le dépose de l'autre côté, près de l'évier.

Arrête donc de faire du sentiment autour de ces vieilleries, dit Vito. Et va t'habiller. Tu as dormi comme ça ?

Dans la voix de Vito, il n'y a pas de sarcasme, seulement de l'étonnement. Je baisse les yeux et vois combien je suis sale, et les taches qui ne sont pas de la saleté proviennent de notre rixe. Il n'est pas difficile de savoir comment Vito est entré, mais ce qu'il vient faire ici, je ne le comprends pas. Il s'est glissé dans la maison comme s'il savait que Christina et la Petite n'étaient pas ici. À moitié nu, je me tiens devant Vito, mais je n'arrive pas à me secouer pour monter. Je n'arrive pas à imaginer mettre la tête sous l'eau et enfiler quelque chose de propre. Je me cramponne à l'évier, les jointures blanches, je frissonne.

Allez, prends une gorgée, dit Vito, et il pousse dans ma direction une tasse que je reconnais comme la mienne.

Pourquoi connaît-il tout, ici ? Non, il ne connaît pas tout. Je m'écarte de l'évier, comme un enfant peureux qui se jette à l'eau et fait précipitamment quelques brasses le long du bord. Vito, du pied, pousse la chaise dans ma direction. Maintenant nous sommes assis face à face. Il y a tant de tribulations que nous avons vécues assis ensemble.

Je ne faisais que passer. Je voulais te rapporter ton bazar. Ces choses-là, au moins, ajoute Vito, il prend une gorgée et m'examine. Votre voiture absente, la robe dans le cerisier. Pas difficile d'avoir des idées.

Des idées, des idées. Je lui fais écho. Tu m'as regardé dormir ?

Bien sûr, dit Vito. Mais on ne peut pas dire que je n'ai jamais vu ton visage quand tu dors.

Je remarque à présent seulement une balafre sous l'œil gauche de Vito, un petit trait sanguinolent cerné d'un halo sombre. Je n'ai aucun souvenir de l'avoir touché à cet endroit, mais il doit bien en avoir été ainsi.

Je me fais une tartine, la dévore à toute vitesse. Et puis encore une, et encore une. J'ai la bouche pleine, je ne peux pas parler. Non, vraiment, impossible. Vito ne me lâche pas des yeux, mais je m'en fiche.

Au fait, tu as mangé quelque chose, ces derniers jours?

Je n'en sais rien, dis-je et je m'interromps.

Je sens ma langue, ma bouche, imprégnées du goût des prunes.

Pardon, dis-je à Vito.

Pardon pour quoi? fait-il en me dévisageant.

Si je monte, à présent, et que je vais m'habiller, tu seras encore là?

Vito plisse le front.

Question idiote, dis-je, question idiote.

L'eau ruisselle le long de mon corps, elle rince la crasse de ces derniers temps. J'ai l'impression que même les bleus, les balafres et les cicatrices pâlissent, diminuent.

J'ai trouvé un jeans propre. Vito empile la vaisselle.

Il faut que tu t'occupes des arbres, dit-il. Sinon ils vont crever.

Je montre à Vito la maison avec tout ce qui s'y trouve, j'ouvre les placards, je lui mets dans les mains les jouets de la Petite, les quelques animaux de son zoo. Nous pénétrons aussi dans la troisième chambre, celle qui est à l'état brut, et nous la trouvons bizarrement fraîche. Je ne sais pas si l'inventaire de ma vie d'ici intéresse Vito, mais je veux le lui montrer. Nous sortons au jardin. Ça sent comme ça ne peut sentir qu'ici, comme si ces choses pouvaient se mélanger : les pins là-haut sur la falaise, le blé, les pistes de béton à travers la campagne, les talus herbus et le vieux ciel poussiéreux.

Tant qu'à revenir ici, pourquoi tu n'es pas revenu dans notre ancien village ?

Je ne sais pas si Vito est sérieux, s'il pourrait sérieusement s'imaginer aller vivre dans notre ancien village, jusqu'à ce que je comprenne qu'il n'y a vraiment aucune différence entre vivre ici, dans cette maison, ou à deux kilomètres d'ici. C'est exactement pareil, et l'effroi me saisit. L'effroi de ne m'en rendre compte qu'à présent. Après des semaines et des mois entiers. Pas une seule fois, je n'ai pris cette direction, j'ai toujours évité de marcher sur la route qu'enfants, nous empruntions parfois à vélo. Comme si ça faisait une différence, deux kilomètres de plus ou de moins.

Alors nous nous mettons en route. Le ciel est haut. Vito n'a pas mis sa prothèse, tout comme je n'ai pas mis mes chaussures. L'unijambiste et le va-nu-pied. S'il le fallait, je réinstallerais Vito dans une brouette, ou dans la remorque d'un vélomoteur. J'ouvre le portail et laisse passer Vito. Le village est silencieux. Les jeunes parents sont partis là où il y a du travail. Les vieux ont terminé depuis longtemps leur tour de jardin, coupant ce qui est fané d'une main méthodique, et arrosant avec un arrosoir, alors qu'ils pourraient aussi bien prendre un tuyau.

Je prends le chemin du jardin d'enfants. Vito glisse à côté de moi sur ses béquilles. Sans effort, semble-t-il, et je me demande à quelle heure il a bien pu se lever pour se trouver d'aussi bon matin dans ma cuisine, et pourquoi il est venu ainsi, sur sa jambe unique. Nous longeons l'étang des pompiers. Le tapis de lentilles d'eau s'est refermé. Rien ne rappelle ni ma présence ni la journée de la veille. Je regarde Vito à la dérobée, j'essaie de reconnaître un signe, une étincelle du souvenir de nos têtards, même si ce n'est pas notre étang. Ensuite, l'unijambiste et le va-nu-pieds s'arrêtent devant le jardin d'enfants. Quel spectacle. Deux hommes qui essaient d'épier à travers la haie les enfants qui se balancent ou font la course. Mais la Petite n'est pas là. Vito a compris. Pas difficile de comprendre. Peut-être que Christina a installé la Petite dans la voiture et qu'elle s'en est allée par les routes de campagne. C'est ce que je redoute.

Je demande à Vito : Pourquoi tu es venu ?

Parce qu'à l'époque, tu étais venu me rendre visite, quand j'étais en cure. Après, nous serons quittes. Vito éclate de rire, mais il l'a dit, quand même.

Ç'avait été ma première fugue, c'est que je n'avais pas la moindre idée de l'endroit où Vito pouvait se trouver. Pendant quelques longues journées, j'avais même pensé qu'il était mort, jusqu'à ce que Jiři me dise qu'il était en cure. Mais je n'en croyais rien. J'étais sûr que Jiři voulait me consoler, et c'est ainsi que j'étais parti, sortant du village d'un pas de promeneur par cette même route dans laquelle nous bifurquons à présent. Je me souviens que la pluie m'enveloppait comme un manteau. J'avais l'impression que j'y disparaissais, que je devenais invisible dans le camouflage tremblotant des gouttes et du crépuscule. J'étais trempé jusqu'aux os. Mes habits me collaient au corps, mais la pluie était tiède et je pensais : M'y voici. Fils de l'orage, chevalier de l'éclair. Je chevauchais sur la vague des intempéries, vers mon meilleur ami. J'aurais dû avoir peur. J'écoutais ce qui se passait en moi, mais ne ressentais qu'une joie sans limite. Après une nuit à la belle étoile, j'ai trouvé Vito par hasard, en l'apercevant à travers la vitre du réfectoire de la clinique. Nous avons échangé un signe, une courte flamme de présence, j'avais eu tout ce que je désirais. Et j'ai rebroussé chemin. Mes parents aux cent coups, mais moi, toujours sans peur, à moitié ivre du saisissement que Vito ne soit pas mort.

Revoici la route et voici Vito. Si quelqu'un était assis là-haut, sur le roc, il verrait deux amis traverser la campagne. Un couple étrange, l'un appuyé sur des béquilles, l'autre voûté, soucieux d'être toujours le plus près possible de son compagnon, et cela, on pourrait même le voir à sa façon de marcher, à ses gestes. Ce qui ne se voit pas, c'est la difficulté de parler, de ne pas être trop proche sans pour autant se tenir à distance, comme avec une fille dont on vient de faire la connaissance.

Encore un dernier virage, puis la forêt s'écartera et notre village apparaîtra. Je crois que Vito ralentit, ou bien c'est moi, ou tous les deux. Étrange, comme le silence de ces heures de midi est resté le même qu'autrefois, quand l'asphalte était défoncé et que les intervalles entre les voitures étaient plus longs que le temps de manger une glace. Nous marchons sur ce rythme : le tapotement des béquilles de Vito et le léger frottement que produit en se posant la semelle de son unique chaussure. Devant, à la pointe, elle est déjà usée, comme les souliers des enfants qui font de la planche à roulettes. Les toits miroitent entre les troncs. Pourquoi nous sommes venus ici, je l'ignore encore. Je cherche à reconnaître notre maison. Celle de Vito, je la distingue sans hésiter. Je passe en revue pignon après pignon, je plisse les yeux, je les dénombre. Une lueur grise, des tuiles moussues. Mais je ne pose pas de questions. Comme lorsqu'on attend de mauvaises nouvelles, ou que l'on n'ose pas aller chez le médecin parce qu'on craint le pire, je me tais, et je marche à côté de Vito qui me semble grand et nonchalant, exactement l'air de qui se promène chez soi. Au-dessus de la plaine trône la forteresse, avec tous ces gens insouciants, les excursionnistes, les classes d'écoliers avides d'apprendre tout ce qu'il y a à savoir au sujet de la vie d'autrefois : le quotidien d'une forteresse, avec le jardin potager, le puits, la brasserie et la cuisine, les métiers de l'époque, et qui était chargé de quelles tâches. Nettoyer et éplucher les pommes de terre, les haricots, les carottes, ou monter la garde, assis à longueur de journée. La météo hostile, tantôt grésil, tantôt canicule, et une seule chose à faire : surveiller l'horizon, les plateaux des monts tabulaires, en face, et aussi l'Elbe. Ni plus, ni moins. Ainsi, on reste dans sa guérite, imbibé par les intempéries, et dans les formes du vent, dans certains reflets ou illusions d'optique, on croit deviner des mouvements de troupes.

Nous nous trouvons devant la maison de Vito, mais il me faut un moment pour la reconnaître. L'entrée est méticuleusement pavée, le portail noir est fixé entre deux colonnes d'un blanc immaculé qui pourrait en toute bonne foi passer pour du marbre. Des buis taillés en boules encadrent le jardin, une chaîne de ballons verts qui se reflètent, derrière, dans les fenêtres. Je ne comprends pas comment la maison peut être aussi grande, puisqu'avant, elle était comme toutes les autres. Vito est à côté de moi. De tout ce temps, il n'a pas dû me lâcher des yeux.

Il n'y a personne, ici, dit Vito. Personne que tu pourrais connaître.

Je hoche la tête.

Ce que tu vois ici m'a valu mon atelier, ou disons plutôt, ce que tu ne vois plus. Ces gens-là sont arrivés, Vito désigne la maison, et mes parents sont partis à l'Ouest avec la petite quand j'ai eu dix-huit ans.

Je pose la main sur l'épaule de Vito. Il paraît calme, presque détaché. Nous continuons. Seraient-ce certaines images d'autrefois, qui m'ont empêché de revenir ici: Vito sur ses deux jambes, Vito en fauteuil roulant, Vito dans la brouette? Mais à présent, ces images sont absentes, elles n'ont plus de place dans cette rue que je ne reconnais plus comme ce qu'elle fut: la demeure de mon meilleur ami, et sans Vito à mes côtés, sans l'alternance rythmée des tapotements et des glissements, je ne pourrais pas me fier à moi-même, je devrais alors oublier ce qui m'a préoccupé tout ce temps.

L'appendice, disait-on au village pour désigner l'impasse non goudronnée, un peu sur la hauteur, que mes parents avaient choisie à l'époque, mon père surtout. Il voulait avoir la vue sur les champs, la forêt, les rochers, mais en réalité, presque toutes les fenêtres donnaient vers le bas, sur le village. Seule la mansarde, sous le toit, donnait du côté que Père désirait, aussi se tenait-il là-haut. Entêté, à ce que je pense aujourd'hui, comme pour démontrer que tout ce qu'il avait souhaité s'était réalisé. Il y avait à l'époque cinq maisons, dans l'appendice, trois à gauche, deux à droite. Elles y sont encore. Mais dans quel état. Devant sur la gauche, l'unique immeuble locatif, comme une ancre obstinée, comme un ultime indice que cette rue était pleine d'enfants et de vie. À chaque étage, il y a encore des rideaux aux fenêtres, la façade qui donne sur la rue semble avoir été restaurée il y a des années, les autres côtés ont un aspect écorché, dénudé, il n'y a que quelques emplacements protégés où le crépi tient encore. Le crépi d'autrefois. Et déjà, je suis redevenu petit, et je sens ma vessie tous les matins sur le chemin de l'école.

Je ne peux pas, dis-je à Vito.

Viens, maintenant, regarde, ça suffira.

Vito écarte le coude, me pousse à l'intérieur de l'appendice, dans ce monde disparu. Tous les toits gris et troués, les tuiles en miettes dans les jardins.

Le jardin s'est transformé en jungle. Des débris de matelas traînent dans l'herbe. Les fenêtres de la cave ont été clouées, à un certain moment, et la porte d'entrée également, mais quelqu'un a repris possession de la maison, même si cela ne doit pas se voir. Dans l'herbe, une trace étroite mène à la porte. Les fenêtres cassées sont rafistolées au moyen de papier collant et de plastique. Les vitres du tambour ont éclaté récemment, de toute évidence, de minuscules tessons colorés ont giclé de tous côtés. La porte ne ferme plus. Quand j'essaie de l'écarter un peu, elle brinquebale d'une façon menaçante. Je me coule par l'entrebâillement et j'attends Vito, mais il refuse mon aide.

Comme si je ne connaissais pas cette porte, dit-il.

Tout le reste est inconnu. Qui que ce soit qui a vécu ici après nous, il n'y a pas fait long feu. Si un jour il y a eu des meubles, il n'en reste presque rien. Je lorgne en direction de la cuisine, suis pris de nausée. Du moisi partout, des crottes de souris, le gaz ou l'essence comme incrustés dans les murs. Je me dirige vers le fond, là où les deux imperméables de Père pendaient au porte-manteau. Partout dans le couloir, d'étranges pelotes de déjection, des vestiges de choses dont on ne peut plus reconnaître ce qu'elles ont été : des éclats de bois, du tissu, de la pierre, du crépi. Mais les marches sont étonnamment propres, comme balayées. Comme je détestais le fait que ma chambre soit la première à droite en haut de l'escalier, comme je détestais sa vitre dépolie. Même si on ne pouvait pas me voir, la sensation était bien celle-là: exposé, toujours visible, toujours à portée du regard. Vito me cède partout le passage. Je me faufile en haut de l'escalier, j'essaie de ne pas faire craquer le bois, m'attendant à rencontrer ceux qui logent ici. C'est ce que je veux croire, même si c'est autre chose que je ressens. Cela vient d'autrefois, mais ce dont il s'agit, je ne saurais le dire. J'appuie sur la poignée, mais la porte ne s'ouvre pas. Je la secoue encore une fois. Moi qui n'avais jamais le droit d'avoir de clé, et maintenant, ici, la porte est fermée à clé. Une bouffée de colère monte en moi, que quelqu'un se soit approprié ma chambre. Et en même temps, je trouve ça ridicule, que cette porte soit fermée à clé. Je donne des coups de pieds contre le pêne. Au second essai, la serrure est arrachée. La porte s'ouvre, un craquement et une détonation qui semblent ne jamais prendre fin. Je sens le regard de Vito, en coin. La chambre est d'une rigoureuse propreté. Après moi, c'est une fille qui a dû vivre ici. Disposés entre les meubles d'enfants de jadis, divers objets récupérés. Deux bidons d'eau d'un blanc surprenant, deux raquettes de badminton et une balle de mousse, des pantalons, des vestes et une machine à café démodée avec son récipient en verre et son filtre. Les objets sont disposés dans un ordre pour lequel je n'ai qu'un mot: la vie. Quelqu'un vit ici. Je m'adosse au chambranle, je ne peux pas me résoudre à franchir le seuil. Je sens Vito dans mon dos, tout aussi perplexe, tout aussi effaré.

Je ne sais pas, dis-je, je lance ces mots dans la pièce. Et ils semblent revenir à moi: ma voix étrangère dans cette maison étrangère. Ce sont d'autres pas, d'autres mots, qui sont chez eux ici. J'ai honte de ma fureur, de mon effraction, même si ce ne sont que des SDF qui logent ici. Vito a posé sa main sur mon épaule. Je me dégage, dévale l'escalier, traverse le corridor comme un plongeur pressé de remonter à la surface. L'odeur ruisselle autour de moi, sa palpitation est inconnue. Je ne peux plus penser à rien de ce qui me concernait jadis, je ne peux plus voir mes parents. Tout cela n'existe plus: l'odeur de gâteau, le cliquetis de la vaisselle et des couverts, le chuintement des imperméables, la petite flaque dessous.

J'émerge dans la lumière de fin d'été, m'éloigne de la maison à petits pas, à reculons. Ce n'est que maintenant que je m'aperçois que tout le temps, je suis resté pieds nus, mais mes pieds sont indemnes. Je ne me suis fait aucun mal. Cette réflexion m'apaise. Comme le crépi dans l'herbe, les tuiles émiettées, toute attente que je pouvais avoir par rapport à cet endroit s'est détachée de moi. Je me détourne et je pars en courant.

Je n'ai pas à attendre Vito longtemps. Notre étang repose, lisse et noir. Nous sommes couchés à plat ventre, tous les deux, nous fixons les profondeurs. Il est toujours impossible de voir le fond.

C'est bien que quelqu'un dorme dans la maison, dis-je à Vito.

Je ne sais pas pourquoi, mais soudain, il m'est agréable que quelqu'un occupe cette pièce dans laquelle j'avais peur.

Vito hoche la tête. La forteresse n'a jamais été conquise, mais Vito et moi, nous avons conquis notre village. Pour la dernière fois. Bientôt, il sera temps de nous retirer. J'essaie de tendre la main dans l'eau, assez loin pour qu'elle disparaisse dans le noir. J'écarte les doigts, trace des cercles, mais je ne peux rien sentir de vivant. Quelques moustiques sont suspendus au milieu de l'étang. Sous moi, il y a de l'eau, et sinon, rien.

Pourquoi tu ne portes pas ta prothèse ? Je pose la question à Vito, et je sais que c'est trop intime.

Parce que je suis l'unijambiste, dit Vito. Avec ou sans prothèse. Ça n'y change rien. Alors je peux bien me promener en sorte qu'on le sache et qu'on le voie en même temps. Tout est resté comme avant, même si notre maison est plus belle, à présent, et même si la tienne tombe en ruine. Je suis Vito et tous, ils me veulent du bien, mais je ne peux pas avaler ce sentiment-là, et pas non plus en fabriquer un meuble.

Vito frappe l'eau de sa paume.

Une chaise comme ça, voilà ce que je voudrais fabriquer un jour, une chaise confortable, sur laquelle tu prends place et immédiatement, tu es chez toi. Le dos moulé dans la courbe du dossier, le pied ferme sur le sol, et tu te rends compte que ton corps porte en même temps qu'il est porté. Si tu vois ce que je veux dire.

Et c'est dans ce but que tu lis ces sornettes en gothique ?

Vito siffle entre ses dents.

Arrête avec ça, dit-il. Je les laisse venir comme les Témoins de Jéhovah. Je rigole en dedans, et je les laisse repartir dans leur royaume céleste. Mais toi, tu as vraiment un grain, ou tu en as eu un. Juste assez stupide pour revenir dans cette région.

Il y a quelques jours, pour une remarque pareille, je me serais battu avec Vito, mais à présent, j'éclate de rire. Un de ces rires où il y a de la place pour quelque chose de nouveau, quelque chose de plus grand, que l'on ne veut pas s'avouer, ou qu'on ne peut pas éprouver. Pas encore.

Je demande : Où penses-tu que se trouve ma Petite ?

Elle n'en a pas d'autre, ta Christina, si c'est ce que tu veux savoir. Elle est trop bien pour ça. Elle est ta femme. Même si tu ne t'en es pas rendu compte, ou si tu n'as pas voulu t'en rendre compte.

Vito s'est levé et trône au-dessus de moi.

Maintenant, j'ai faim et je ne sais rien de rien. Je suis l'unijambiste. Il ne faut pas m'en demander davantage. Il baisse la tête et me lance un clin d'œil.

Le Konsum est encore là, ou du moins il y a toujours une épicerie dans le bâtiment à un seul étage où il se trouvait. La vitrine est remplie à ras bord de thé, de pain et d'eau minérale, la porte tout entière placardée de publicité pour des tarifs téléphoniques. Je suis des yeux Vito qui disparaît à l'intérieur du magasin. La porte se referme en miroitant. C'est ainsi qu'ils ont tous disparu: la Petite, Christina, Jan, ou plutôt, c'est ainsi que je les ai fait disparaître. Un magicien qui n'a pas son monde en main, un roi Midas qui transforme tout ce qu'il touche en disparition. Mais voici Vito qui revient, deux cabas en plastique suspendus aux poignées de ses béquilles. Nous mangeons un kébab tout en buvant de la bière. J'essaie de me trouver exactement à ce moment de l'histoire: les têtards grossissent magnifiquement. Notre rocher a été conquis. Vito a été une silhouette élégante, une ombre agile contre le ciel. Au sommet, nous nous sommes serré la main, nos mains couvertes d'écorchures, et nous avons noué à un piquet un de nos mouchoirs de poche imprimés. Un fragment de terre conquis, une tache blanche de moins sur les cartes du monde, grâce à nous. Au lieu de quoi, Vito raconte que le bois est vivant, qu'il ne te pardonne pas si tu ne sais pas le déchiffrer. Mais je m'en fiche, du bois. C'est Vito, qui m'intéresse, je prends une gorgée, je le regarde, mais je ne vais pas plus loin que la Ville-qui-n'en-est-pas-une: les bouquets disparaissent dans l'église. Le soir, les rats vont se baigner dans le ruisseau. Mais de temps en temps, dit Vito avec un profond soupir, il va s'asseoir à son endroit préféré, et il regarde les vapeurs illuminés qui remontent l'Elbe et accostent brièvement. Il y a de la musique et des femmes qui pressent leurs corps contre la rambarde, qui lèvent les yeux vers la forêt ou scrutent les prairies riveraines, mais jamais aucune ne descend à terre, jamais personne, d'ailleurs, ne descend à terre.

Celle-ci est pour la route, dit Vito et il sort une dernière bouteille du sac en plastique. Tiens, c'est toi qui la portes, dit-il. Toi tu es le porteur de bouteilles. Moi je suis le commandant et maintenant, nous nous catapultons dans l'espace, nous laissons derrière nous cette planète sinistre.

Au panneau de sortie du village, nous prenons notre première gorgée, le soleil brûlant sur notre nuque, nos ombres très longues devant nous sur l'asphalte. Elles, au moins, nous appartiennent encore, dit Vito.

Il lance d'abord une béquille en avant, puis l'autre. Elle imite sagement tous nos gestes, celle-là. Vito ricane. Purée, ce qu'on peut être débiles. Il se tourne vers moi. Mets-toi derrière moi. Vito me fait signe.

Je me range derrière Vito, en sorte que nos ombres se confondent en une seule. Je me dresse sur la pointe des pieds, devant moi le grand Vito. Alors on ne peut plus dire quelle partie de l'ombre est la mienne, et laquelle est celle de Vito. Nous restons incroyablement silencieux.

Moi avec ta jambe. Il faut arroser ça. Vito boit en premier et notre ombre commune boit. Ensuite j'imite Vito.

Mais tu sais, une chose que je n'arrive pas à comprendre, dit Vito, c'est pourquoi tu n'es jamais venu me rendre visite.

Tiens, j'ai une histoire pour toi, dis-je à Vito, et je lui raconte comment petit à petit, tous les objets, dans notre maison, s'étaient mis à disparaître, sans que je parvienne à m'expliquer pourquoi : pourquoi, dans le tiroir des couverts, n'y avait-il plus que trois couteaux, trois fourchettes, trois petites et trois grandes cuillères, pourquoi mon armoire se vidait de plus en plus sans que j'obtienne de réponse à mes questions. Je raconte les longues heures passées à l'école dans laquelle ils m'avaient inscrit après notre fugue. Je n'y connaissais personne, il fallait que je n'y connaisse personne.

La neige tombait sans fin. En bas, à l'école de la ville, ils le savaient tous, que j'étais celui qui avait volé la jambe de son meilleur ami. Pendant tout un hiver, je m'étais vu encerclé dans la cour de l'école. Les chaises disparaissaient, les fauteuils aussi. Parfois, j'ouvrais les armoires de mes parents et je les trouvais tout aussi vides, pleines d'ombre. Et je me disais qu'il fallait qu'il en aille ainsi : les ténèbres progressent, rongent. Petit à petit, nous allions vers notre disparition. Et puis les jours ont rallongé, les arbres fruitiers ont fleuri, débordant d'écume blanche. C'est par une journée comme celles-là que là mes parents m'ont fait monter en voiture et qu'ils ont démarré. Voilà ce que je raconte à Vito. Et puis l'immeuble préfabriqué, dans la cité ouvrière de la fabrique de papier. Moi dans une nouvelle école, sans désir, sans volonté. Mes parents n'auraient pas été obligés de m'interdire de te rendre visite. Je n'étais plus rien et je ne voulais plus rien.

Vito s'agrippe à moi. Je n'essaie pas de le redresser. Il n'essaie pas de se dégager. Penchés, nous restons plantés dans la campagne. Un monument à rien. Un monument à nous-mêmes.

Jan m'a offert d'aller chez lui, mais depuis que Christina et la Petite ne sont plus là, mes tournées ont rétréci. La maison me garde sous son emprise, la maison maintenant presque vide. Elle me rappelle la grotte dans laquelle nous nous étions enfuis avec Vito : refuge, abri dans l'immense paysage qui m'entoure et dont je ne peux plus savourer le silence. Il y a un mutisme qui a grandi, une torpeur, même si Vito a déjà surgi à deux reprises, le soir. Il dispose à présent d'un matelas dans la troisième chambre. Ainsi, nous sommes de nouveau ligués contre le monde, bien que ce soit la dernière chose que je souhaite. Toute la semaine, je suis resté à proximité du jardin d'enfants. J'ai même eu le courage d'interroger les éducatrices. Non, elles ne savaient rien. Elles avaient l'air préoccupées, ou peut-être était-ce moi qui voulais les voir ainsi. Plusieurs fois, j'ai rôdé autour de la maison des médecins, les regards des vieux plantés dans ma nuque, jusqu'à ce que toute cette scène me semble ridicule : un père qui espionne sa propre fille. J'accompagne Jan, en haut, puis en bas. Je crois qu'il a de la peine à me supporter dans cet état. Moi-même, je me supporte mal. Les nuages volent au-dessus de nos courses, les gens déferlent à côté de moi en direction de leurs sièges, en pensée, ils sont déjà dans la forteresse. J'écoute les histoires de Jan, je fais confiance au doux capitaine ou je bois de la bière, le soir, avec Vito, si bien qu'au moment où je m'endors, je dois poser un pied par terre. Sinon, le monde n'arrête pas de tourner. Mais ici, j'ai une lettre. Même si je trouve cela ridicule, d'écrire des lettres. Comme si nous étions au cinéma, comme si la vie pouvait être vécue aussi naïvement, ou que les femmes se précipitaient à tire-d'aile juste parce qu'il y en a un qui a écrit quelques lignes qu'il a glissées dans une enveloppe. Joli conseil, ai-je répondu à Jan. Joli conseil. Alors trouve mieux, a-t-il repris. Mais pour ça, tu devrais d'abord savoir si tu as le courage d'aller la voir ou si tu veux rester à distance, planqué, invisible. Oui, c'est ça que tu dois savoir. Ne veux-tu pas revoir ta Petite ? Et qu'en est-il de votre maison, à présent ? Tu veux vivre en coloc avec Vito, picoler et te balader ? Tu es un incorrigible romantique, mon ami. Mais tu le sais tout aussi bien toi-même, sans doute. J'ai aussi interrogé Vito, mais inutile de l'approcher avec ça. Avec moi, il ne parle pas des femmes. Alors je suis allé sur mon récif, tout seul, j'ai regardé notre maison qui n'est plus que ma maison, et peut-être aussi celle de Vito, un peu. Je me suis assis là-haut, avec ma lampe frontale, et j'ai écrit sous les étoiles. Comme il se doit. Ce que j'ai écrit, je ne le sais plus. L'enveloppe est collée, et de quoi ça aurait l'air, si je la rouvrais ? Peut-être que j'ai écrit quelque chose que je ne voulais pas. Une phrase que l'on peut lire comme ci ou comme ça. Mais la lettre est fermée, le papier fibreux est un peu usé et sali. Christina saura où j'ai écrit. Précisément là où je passais mes soirées quand elle mettait toute seule la Petite au lit. Et maintenant, il est encore et toujours assis là-bas. Il n'a rien appris. Voilà ce qu'elle pensera. Peut-être. Je traverse rapidement la Ville-qui-n'en-est-pas-une, trouve notre voiture au parking. J'en fais deux ou trois fois le tour, je tâche de découvrir un indice de la vie que mène la Petite. Un papier de chocolat suffirait, l'élastique cassé de ses cheveux, mais je ne trouve rien. Je laisse la lettre sous l'essuie-glace gauche. Les nuages se reflètent dans la vitre. Un blanc s'écoule dans l'autre, comme si la lettre n'était pas là du tout.

Christina habite chez une collègue de travail, un peu sur la hauteur. La Petite a maintenant des grands-parents. C'est Vito qui me l'a annoncé, il a ses sources. J'aperçois un grand jardin, protégé du côté de la rue, derrière la maison, il descend en pente douce jusqu'à un ruisseau lumineux. Le nouveau grand-père de la Petite construit des roues de moulin avec elle et ses deux petits enfants à lui. Ils entaillent un bâton, coincent des planchettes dans le bois, enfoncent deux baguettes fourchues dans le fond caillouteux et tourne, tourne la roue joyeuse. La Petite est au jardin toute la journée, elle mange du ragoût, elle boit du cacao, elle s'endort l'après-midi avec les autres sur la balancelle. Des journées d'éternité, mais en même temps, elles s'écoulent sans accrocs, à toute allure, tandis que Christina déplie les gens dans la Ville-qui-n'en-est-pas-une. Elle ne retournerait à aucun prix chez ses propres parents. On ne retourne pas chez ses propres parents. On ne reste pas là où on a toujours été, avec la même vue sur la même rue : conteneur, place de jeu, et le tram toutes les dix minutes. Là-bas, l'air a été respiré jusqu'à la dernière molécule, dit Christina. Comme quand tu restes longtemps sous l'eau et que tu sens partout des picotements.

J'ai regardé les horaires. Je saurais bien où aller, je devrais prendre le bus rempli d'écoliers, changer une fois, et puis quoi ? Rapporter à Christina son vieux cadenas avec les fleurs de coucou, ou me planter là et laquer un vélo, comme pour dire : Je me souviens. Je me souviens de notre joie, quand nous nous sommes retrouvés pour la première fois à l'extérieur du cabinet. Je me souviens de la tache séchée, et du petit doigt qui bientôt, s'était mis à remuer sous la peau, à pointer à travers la paroi du ventre.

Pourquoi quelqu'un dépose-t-il des fruits sur le montant de pierre du portail du jardin ? Je ne veux pas de ces pommes des moissons, ni de ces abricots. J'ai mes propres arbres. C'est déjà le troisième bol que j'ai trouvé depuis que Christina est partie. Je sais que tous sont au courant. Vito, à l'époque, avait perdu sa jambe. Et maintenant j'ai perdu Christina et la Petite. Mais cela ne veut encore rien dire. Et puis qui se cache là-derrière ? La Batik ? La Casquette plate ? J'espère presque que c'est la femme de la maison jaune citron, mais après je me souviens qu'elle s'est tue quand on s'est retrouvé les yeux dans les yeux.

Vito a apporté du bois à la maison. Des petits blocs de bois clairs sont répandus partout dans sa chambre. Je ne sais pas s'il dort ou s'il taille, quand il est ici, mais comment pourrait-il tailler, à voir à quel point je suis ivre moi-même, soir après soir. Le matin, il part de bonne heure. De toute façon, dit-il, personne ne vient, mais je dois être là. C'est ainsi qu'il passe ses journées dans son atelier. Je ne vais pas lui rendre visite. Quelque chose m'en empêche. Il faut qu'il soit seul là-bas, comme moi à la maison pendant la journée. Je m'assieds sur le matelas de la chambre de Vito et j'examine les objets qu'il a taillés. Il a soigneusement aligné ses figurines sur l'appui de la fenêtre. Trois chiens, un chat à la queue hérissée, un éléphant dont la trompe est à moitié cassée, et un rapace au repos, le jabot fier et emplumé. Tous ces animaux ont des contours simples, mais clairs, et les proportions sont justes. Vito a balayé les copeaux dans un coin de la pièce, proprement. Là même où autrefois, la pluie avait imbibé les murs, il règne un chaud parfum de résine, un rappel du soleil et des fougères. C'est mon inventaire de Vito : des animaux en bois, des bouteilles de bière vides et les emballages en aluminium graisseux de nos kébabs, bien que je tienne la maison méticuleusement propre. J'ai d'ailleurs quelques provisions au frigidaire. Je pourrais confectionner un pudding, des crêpes, du riz au lait ou des macaronis avec de la saucisse et de la sauce tomate. Parfois, j'en prépare pour moi. Il n'y a pas grand-chose à faire, depuis que je ne sors plus. Les buissons regorgent de framboises, mais elles ne sont pas pour moi.

Pas difficile de savoir où se trouve notre maison, à présent. Même si le village s'étale dans la plaine, il me faut relever les yeux, j'ai le vertige. Si on avait suivi le rêve de

Christina, nous aurions pu aller n'importe où. À la mer, peut-être. Une maison derrière les dunes. Tu aurais aussi eu des pins et du sable, dit Christina. Et nous. Surtout nous. Mais j'ai toujours couru devant, à la poursuite de mes propres affaires. Tenant Christina par la main, mon bras tendu en arrière, nos doigts se touchant encore, et il n'est pas facile d'avancer de la sorte. L'autre reste entièrement invisible. L'autre est une ombre docile.

Chaque jour, le facteur organise sa tournée différemment. Il lui arrive de passer d'un côté de la rue pour revenir seulement l'après-midi de mon côté. Cela ferait un sujet de conversation avec la Batik ou la Casquette. Comme quoi tout va de mal en pis, depuis des années déjà. Autrefois, on avait le courrier pour le petit déjeuner. Je pourrais soutenir des conversations de ce type, mais pas question. Vito se moquerait de moi, si j'abordais avec lui ce genre de sujet. Il insiste pour acheter lui-même la bière. Je transporte deux chaises longues tendues de toile à côté du bac à sable. C'est là que nous nous installons, le soir, quand j'ai réussi à traverser la journée. Dans le crépuscule, les chauves-souris volent au-dessus de nos têtes. Nous jouons une sorte de partie d'Action ou vérité. Soit on répond, soit on doit avaler une gorgée. Vito ne laisse rien dans l'ombre, entre Christina et moi, mais quand c'est à moi de poser les questions, il se contente de sourire et de prendre une gorgée. Ainsi, Christina et la Petite, quand je parle, sont avec moi, dans ce jeu absurde que je mène avec Vito. Quand il en vient tout de même à parler, je continue de remâcher mes propres réponses. Le vent chuchote dans les arbres, le vent du village qui maintenant souffle à nouveau pour Vito et moi. Quand la chouette ulule ou qu'une mobylette vrombit là-bas sur la chaussée, j'ai la sensation de revenir à moi, d'être resté muet depuis des heures, bien que tous les deux, nous n'ayons somnolé qu'un instant. À présent, arrêtons ces conneries, dit Vito et il se met à raconter que les gens viennent le voir pour se faire raboter une planche, et puis il faut qu'il la polisse et qu'il la perce aux deux extrémités. Après la première planche, il en vient une deuxième, etc., jusqu'à ce que Vito ait construit une étagère, une chaise, une table de nuit.

Vito me regarde. Et maintenant, dis-moi, est-ce Christina que tu aimes, ou son passé, qui est aussi le tien ?

Tiens, dis-je à Vito. Mange quelques fruits. C'est bon pour la santé. Je n'arrive pas à les avaler. Et je raconte à Vito comment, le matin, je trouve les bols pleins de fruits sur les montants de pierre du portail.

Ils veulent t'aider, dit Vito en attaquant une pomme à belles dents.

Ils veulent s'approcher de ce qui m'est arrivé.

Tu veux toujours te compliquer la vie, dit Vito, il croque encore une bouchée et jette la pomme dans la haie.

Je dois faire un effort pour me relever du transat. Le tissu à grosses fleurs est usé. Je me laisse aller de côté, me redresse et dis : Bonne nuit, Vito. Bonne nuit. Sculpte aussi un animal pour moi. Tu peux choisir lequel.

Arrive le jour suivant. Vito est parti depuis longtemps. Cette fois, pas de fruits au portail. Je suis assis à table, je touche du doigt une goutte d'eau que j'ai oubliée sans doute en passant le chiffon. Et en voici une autre et encore une, juste devant moi, juste sous moi.

Ne fais pas de bêtises, surtout, dit Jan. Et pour une fois, tu pourrais te laver les cheveux. Tiens, c'est de la part de Brigitte.

Il me tend un bocal de confiture.

Il y a de nouveau des champignons, elle m'a prié de te le dire.

Je ne peux pas bouger d'ici, je réponds.

Monsieur ne peut pas bouger. Pendant des jours et des jours, Monsieur fait le vagabond, et voilà qu'il ne peut pas bouger d'ici.

Ça, ce sont les visites de Jan. Mais ce matin, il n'est pas venu. Je suis au jardin avec la serpette, je tends l'oreille du côté de la rue et je me rappelle que je n'ai pas encore regardé s'il y avait du courrier.

Ouvre-la, ballot, dit Jan, tu veux le mode d'emploi ?

Il sort de sa poche un petit canif.

Notre maison était grande et vide, la lettre d'un blanc éclatant, l'écriture de Christina sans fioritures. Mais à présent, me voici près de Jan, je glisse précautionneusement la lame sous le rabat et j'ouvre l'enveloppe.

Tu pourras la lire pendant qu'on roule, dit Jan.

Je me cale dans mon siège, crispe les mains autour de la lettre pour qu'elle ne s'envole pas au vent de la course. Il n'y a presque rien, dedans, sauf que la Petite se languit de moi. Il faut que je fasse passer un troupeau d'éléphants dans le sable, que je ramasse les framboises s'il y en a encore, ou que je trouve une cachette dans les fougères. Ça, c'est le Papa dont la Petite a besoin. Sur la seconde feuille de papier, il y a un dessin pour moi : un gros éléphant couleur myrtille.

Les gens s'éloignent en direction du petit train sur pneus.

Dans le passé, il n'y a rien à faire, dit Jan. Tu peux y aller, tu y seras toujours en vacances. Tu peux repeindre un mur de l'histoire à neuf et le lendemain, démolir toute la pièce.

Tu peux enfiler le passé comme un gant qui s'ajuste toujours exactement au présent. Entres-y, il y fait tiède, et dans cette tiédeur, le présent est aboli, si terrible qu'il puisse être. Le passé est un éternel camp de vacances.

As-tu encore besoin d'une histoire de ma part, demande Jan, ou tu penses que tu vas y arriver tout seul ?

C'est vendredi. Je suis en bas, au parking. Il pleut un peu, mais aujourd'hui, j'ai mis une veste et une chemise. Même ma montre, je l'ai mise, quoi que ça puisse vouloir dire. Jan m'a apporté des fleurs de son jardin. Des fleurs qui vont tenir, a-t-il dit. Pas de celles qui arrivent à moitié mortes on ne sait d'où.

Je m'adosse au tronc du tilleul du parking. Du coin de l'œil, je vois la Petite qui vole vers moi. J'écarte les bras, l'attrape à bras-le-corps, la fais tourbillonner quelques tours, jusqu'à ce que j'aie moi-même le tournis. Christina est maquillée. Dans une semaine, de nouveau ici, dit-elle. Nous regardons tous les deux le bout de nos pieds. Moi un peu plus longuement. Christina m'enlace. La Petite presse sa tête contre nous.

Offre les fleurs à la Petite, dit Christina. Et écris-moi encore une lettre.

Voilà, pour que vous vous souveniez de moi, là-haut dans la maison.

Vito pose sur la table une boîte pleine d'animaux en bois pour la Petite.

La Petite hésite.

Prends-les, dis-je. La Petite me regarde, puis Vito.

Il fait aussi partie de nous? demande-t-elle.

Je caresse la tête de la Petite, je vois Vito sourire.

La Petite fouille dans la boîte.

Viens quand tu veux, dis-je à Vito.

Il traverse l'atelier, range un certain nombre de choses, balaie quelques copeaux, referme un étau et le rouvre. Je prends la Petite par la main. Devant l'atelier, je l'assieds sur mes épaules. Elle tient la boîte bien serrée.

Merci, crie-t-elle.

C'est exactement mon mot: merci. Mais Vito est rentré, la porte entrouverte.

IV

Il pleut. Dans les flaques, des bulles flottent. Je ne sais pas quand j'ai vu ça pour la dernière fois. Je ne m'en soucierais pas, si une curieuse inquiétude ne s'était emparée de notre rue. Presque toutes les voitures sont parties. Même les vieux, sur leurs bicyclettes, sont partis sous la pluie. La Petite fait de la peinture sur la table de la cuisine. Furtivement, je regarde dehors. À l'instant, la Batik s'entretenait avec la Casquette plate. J'essaie de comprendre quel rapport il y a entre ces choses : la pluie, notre rue déserte et les vieux. La Petite relève les yeux et commence à secouer la tête. Pendant un moment, je ne sais pas si ce sont ses cheveux qui crissent ou si c'est le bruit de la pluie, dehors.

Arrête, dis-je. La Petite s'interrompt, lève sur moi des yeux étincelants. Je m'approche de l'évier, regarde par la fenêtre. Encore une voiture qui part. La Petite s'agite frénétiquement. Je jette un nouveau coup d'œil à l'extérieur, et je vois la Batik au portail. Elle tient un journal sur sa tête. De l'autre main, elle fait des signes.

La Petite ne veut rien mettre. Elle sort au jardin et à chaque pas, elle rit quand l'eau gicle.

Tu es bien mignonne, dit la Batik et par-dessus le portail, elle tend la main en direction de la Petite qui aussitôt, recule d'un pas. J'essaie de prendre la Petite dans mes bras, mais elle se dérobe. La Batik, sous son journal, me dévisage.

Votre femme travaille en bas, dans la maison des médecins.

Oui, dis-je, les yeux fixés sur la Batik. Le roux de sa chevelure laisse voir les repousses. Malgré la pluie, elle sent le tabac.

L'eau, dit la Batik. L'eau.

Elle fait volte-face et s'éloigne en pataugeant. Des petits flocons se détachent du journal.

La Petite passe les bras autour de mon cou, se serre contre moi. Autour de nous, c'est un mugissement, un gargouillement et un clappement. Le ruisseau n'existe plus. Nous sommes sur la pente, sur la route qui descend du village à la Ville-qui-n'en-est-pas-une. Comme en transe, je dépasse les gens alignés le long de la route. Certains ont enfilé des cirés jaunes, d'autres sont là, debout dans des vêtements légers, trempés, immobiles et isolés. Je marche jusqu'à ce que l'eau me lèche les pieds. Sur mon dos, la Petite, dans son siège, ne dit rien. Je reste muet. Le courant s'élance en avant avec avidité. Je ne comprends pas comment il se peut qu'autant de pluie se mette en mouvement simultanément.

Un ballon en plastique rouge danse sur l'eau, accélère, reste pris dans un tourbillon. La Petite tourne la tête, regarde tantôt par-dessus mon épaule droite, tantôt par-dessus mon épaule gauche.

Viens, on appelle Maman, dis-je à la Petite.

La Petite fait un effort, appelle aussi fort qu'elle peut, mais sa voix ne porte pas. Est-ce que Maman est ici ? demande-t-elle.

Les vieux regardent par les fenêtres. Je vois leurs visages blafards. Quelques-uns remuent les lèvres, comme s'ils disaient quelque chose. Je patauge un moment dans l'eau. La Petite se cramponne à moi et répète sa question : Est-ce que Maman est ici ?

Je vois quelque chose que tu ne vois pas et c'est rouge.

Facile, dit la Petite. Le ballon, là-bas.

Du coin de l'œil, je la vois tendre le bras par-dessus ma tête, en direction du ballon qui a resurgi tout à coup, comme revenu de je ne sais où, comme si le dédale des flots l'avait recraché à cet endroit. Dans un angle mort du cours d'eau, il tourne en rond, lentement.

Je vois quelque chose que tu ne vois pas, et c'est bleu.

J'entends la voix de la Petite à travers le vacarme. Du regard, je tâtonne entre les maisons. Tout semble en mouvement. Les réverbères, les cimes des arbres.

C'est à toi, crie la Petite.

Le toit de cette maison, là, dis-je.

Mais il est rouge, pas bleu, dit la Petite. Tu ne joues pas vraiment, et Maman n'est pas ici non plus.

Je repense à la Batik et à la Casquette. Je crache dans l'eau. Ils nous ont tous abandonnés à notre sort, en se taisant. Un objet heurte mon genou. Un coup diffus. Je perds l'équilibre comme au ralenti, j'entends crier la Petite. Je m'efforce de contrôler la chute, plie les genoux, tends mon bras droit. L'eau gicle. Je me retrouve à quatre pattes. Je dois relever la tête pour que l'eau ne m'entre pas dans la bouche ou dans le nez. Je sens quelqu'un m'empoigner à bras-le-corps.

La Petite sanglote et se cramponne à moi.

Je remonte en hâte sur la hauteur.

Maman est à la maison, dis-je.

La Petite pleure. Je sens ses larmes chaudes dans ma nuque. Je vois devant moi notre maison. Il n'y a plus que la Petite et moi. Je ne sais pas comment gagner notre vie. Je ne sais pas ce qu'il faut acheter pour habiller la Petite. Je ne sais pas ce qu'on mangera, tous les matins, à midi et le soir, tous les jours de la semaine, tous les mois de l'année. Les cimes des arbres se sont mises à tourner, tout s'effondre et bouge et s'envole. La pluie se déverse sur nous. Je suis mouillé au point d'en oublier que je suis mouillé. Les premières maisons apparaissent. Déjà, nos arbres fruitiers sont en vue. J'essaie de guigner à travers les feuillages, mais la maison, derrière, est grande et sombre. Opaques, les fenêtres reluisent à travers les feuilles comme un miroir. Tout est éteint. Je suis des yeux la route qui monte et vois quelque chose qui m'est familier sans comprendre au juste ce que c'est. Peut-être que Christina est venue nous chercher, qu'elle a laissé un billet sur la table avant de repartir précipitamment. À côté de moi, les lattes de la clôture défilent. J'aperçois la balançoire, le bac à sable. Dans l'herbe, les jouets abandonnés par la Petite brillent. J'entends ma propre respiration, Je cligne des paupières pour faire tomber les gouttes de mes cils. Quelqu'un est assis sur les marches de la maison.

Je raconte à Jan le ballon rouge et les vieux qui n'ont pas quitté leurs maisons. Jan retire la Petite de mes épaules. Soudain je m'allège, comme à l'époque, je m'étais senti léger, quand Jiři avait ôté Vito de mon épaule.

La Petite, dis-je à Jan, donne-moi la Petite.

Il me la met dans les bras. Nous échangeons un regard. Je vois la broussaille amicale des sourcils de Jan, ses pupilles aiguës, cerclées de petits points marron clair. Nous entrons dans la maison. Je mets à la Petite les vêtements qu'elle portait le soir, quand nous étions ensemble dans la forêt. Je revois le troupeau d'éléphants de sable, nos bouches barbouillées de myrtille, et je me souviens que je sondais le murmure des pins sans que jamais personne ne vienne. Je veux entendre les pas de Christina, le bruit de ses pieds nus sur le linoleum. Je prends sur la chaise mon coupe-vent, prêt à m'éloigner, mais la petite se met à pleurer. Elle se cramponne à mes jambes. J'aimerais une des histoires de Jan. Nous avons tellement parlé qu'il me semble que les choses que j'ai racontées à Jan sont en train de s'effacer. Je peux enfin les lâcher. Une fois énoncées, elles se transforment en une volée de moineaux et s'éloignent à tire-d'aile au-dessus des champs. Les histoires concernant mes parents. La toux de mon père, les traces de sang dans le lavabo, de plus en plus nombreuses quand nous avons déménagé en ville. Sa bécane avec la chaîne toujours huilée de frais afin que sur le chemin du travail, au moins, il puisse encore sentir le monde, avant de s'enfoncer dans son labyrinthe de solutions alcalines, de substances chimiques et d'uranium. Tout cela donc en train de disparaître et de s'effacer, à chaque histoire que je racontais à Jan. Mais avec Christina, c'est différent. À force de la raconter, je l'ai fait survenir. Sa silhouette, ses mains dont on voit qu'elles sont tous les jours en mouvement, la naissance de ses seins, le creux où ses côtes touchent la douceur des seins. Cet endroit, précisément, c'est elle.

Je prends la Petite dans mes bras. Voici le pouce, dis-je. Et celui-ci secoue le prunier, celui-ci ramasse les prunes, celui-ci les porte à la maison, et le petit riquiqui va les manger toutes, toutes, toutes. La Petite suit mes doigts, mais sans sourire, sans rien dire. Je reprends la comptine depuis le début, jusqu'à l'arrivée de Jan. Partout dans la maison, il a rassemblé des jouets. La Petite tourne la tête. Jan s'assied sur le tapis de raphia, entre la table de la cuisine et la cuisinière. Il renverse son seau plein de jouets et commence à empiler des briques sur l'une des grandes dalles vertes. Déjà, il a délimité le plan d'une maison. Des briques vertes et brunes forment quelques troncs. La Petite se dégage. Mais là, il faut mettre des poules, dit-elle. Je vois naître une ferme avec des étables, des pâturages et des buissons. Des briques transparentes dessinent un ruisseau. Jan remplit d'arbres une dalle entière, ajoute quelques rochers. Une ferme comme celle-là, voilà ce que je voudrais, où l'on peut construire des moulins à eau ou cueillir des myrtilles, où l'on peut laisser les gens venir à soi comme on veut, et sinon, vite on s'éloigne, il suffit de traverser un mur en pierres sèches, de se faufiler à travers un bosquet et l'on retrouve son propre monde, là où faire un vœu aide encore. Jan caresse les cheveux de la Petite. Tu me dis où sont les assiettes ? Il prend la Petite dans ses bras. C'est elle qui le guide à travers la cuisine.

Ensemble, ils mettent la table, Jan remarque que je fixe les assiettes, les couteaux, les fourchettes. Trois de chaque, exactement.

Il faut que je m'en aille, dit-il.

Christina dort, elle a posé le bras sur ma hanche, tendu les pieds contre les miens, nos corps forment un ovale. Entre nous, la Petite, sur le dos, les jambes ramenées contre le corps, détendue. Christina sent bon. Elle a nettoyé la saleté de ses cheveux, la boue et le fioul. Quand, par la fenêtre de la cuisine, je l'ai vue entrer dans le jardin, elle m'a paru aussi blanche que la tenue de travail qu'elle portait encore, la blouse empesée, d'une coupe un peu longue, et le pantalon déchiré à droite, laissant voir sa cuisse. J'ai voulu m'élancer hors de la maison, mais je suis resté figé à la fenêtre, les yeux fixés sur elle. Je me voyais moi-même, tel que j'avais erré tout l'été, pieds nus et déguenillé. Fantôme plus qu'individu, insolite apparition. Je pensais aux gens qui, autour de nous, avaient peut-être peur de moi, qui me trouvaient étrange, un père hagard qui amenait sa Petite au jardin d'enfants pour disparaître ensuite toute la journée dans les bois. Par la fenêtre, j'ai vu la Petite s'élancer vers Christina, tandis que le frôlement de la pluie, lentement, devenait intermittent.

J'aurais dû croire Jan. Comment aurait-il pu en être autrement? Le ruisseau s'était précipité sur la maison des médecins, il avait déferlé dans la cave pour ressortir par le parking. En une demi-heure, le rez-de-chaussée avait été inondé, notre voiture, au parking, engloutie. La collègue chez laquelle Christina avait habité toute la semaine était passée le matin par le cimetière et avait laissé sa voiture dans une des rues hautes. Depuis le cimetière, un sentier forestier traverse le bois. Elles ont cahoté pendant presque une heure, roulant au pas entre les arbres, pour regagner la hauteur. Vides, les routes, et les villages aussi. Personne dehors, personne en chemin. Les maisons éclairées, mais ternes, comme voilées de lourds rideaux. Et puis encore la forêt, ruisselante et immense. Du verre cassé dans les fossés et de temps à autre, la silhouette d'un oiseau qui disparaissait aussitôt dans la pénombre, jusqu'à ce qu'un nouveau village surgisse, puis encore un. Tous ceux qui avaient réussi à rentrer étaient chez eux. Parfois, elles tentaient leur chance et prenaient la direction de la vallée, pour se retrouver bloquées au pont suivant. Ensuite elles ont roulé par les hauteurs, dans le no man's land qui sépare la Tchéquie de l'Allemagne. Peut-être que Jan et Christina, là-bas, se sont croisés, en route pour rentrer chacun chez soi, deux voitures solitaires sur l'arête crépusculaire, là où le ruisseau se gonfle d'une multitude de sources et de petits cours d'eau. Ensuite, elles sont redescendues sur notre versant de la vallée. Les villages rougeoyaient faiblement. Un soir immense, solitaire, avec le frottement des pneus sur l'asphalte et le crissement des essuie-glaces.

Quand je m'éveille, le ciel est bleu, sans nuages. Les arbres, devant la fenêtre, se découpent nettement à contre-jour. Les feuilles ont pris une légère couleur jaune, presque imperceptible, simple nuance du vert des semaines précédentes. Dans le feuillage, le mildiou a creusé d'assez grandes trouées. Je m'assieds sur l'appui de la fenêtre, je vois Christina et la Petite au jardin. Celle-ci, toute fière, lève les bras quand elle a rempli un bol de framboises. Des autres maisons, aucun bruit ne parvient jusqu'à nous. Christina a pris la radio. Les nouvelles. J'entends le speaker et j'attends le début d'une musique. Mais il n'y a que le murmure chantant des nouvelles, couvert parfois par les exclamations de la Petite, chaque fois qu'elle découvre une framboise particulièrement grosse. Je m'étire, je sens mes jambes lourdes. Mes hanches douloureuses. Je me souviens que j'ai porté la Petite sur le dos, sous la pluie, et que la maison était vaste et vide.

À la radio, ils disent qu'à partir de la frontière, tous les villages, là-bas vers l'Elbe, sont évacués. Devant moi, il n'y a que la lumière d'août qui filtre mollement à travers les lattes de la clôture. J'essaie d'aider Christina et la Petite, mais mon bol ne se remplit pas. La Petite sautille autour de moi, regarde les quelques framboises que j'ai ramassées et me taquine.

À la radio, ils n'ont pas annoncé de morts, jusqu'ici, mais l'eau monte partout dans la montagne, a emporté des villages entiers. De certains, on a des nouvelles, des autres, aucune. Pour la première fois, je regrette que nous n'ayons pas de téléviseur.

Christina a mis un short et un corsage à rayures. Je caresse des yeux son dos, ses épaules, et l'arrière de ses bras et de ses jambes. Christina plie les rameaux de côté pour que la Petite puisse attraper les framboises sans se piquer. Je vois le jeu des muscles de Christina, sa colonne vertébrale, les côtes. Et la honte me vient, que tout cela ne m'ait pas suffi.

Christina me tend une boîte de framboises.

Réfléchis, dit-elle.

Je sais, je ne dois pas me mettre en danger, mais cela sonne comme l'écho de ce qui nous est arrivé, de ce que j'ai fait advenir, sans que Christina et la Petite aient eu le choix.

La Petite s'approche et me donne un baiser.

Alors je sors dans la rue du village, comme si j'entrais dans un autre monde. Pour la première fois, j'ai l'impression que personne ne s'intéresse à moi, je ne me sens pas observé. À travers la vitre de l'épicerie du village, je revois les magasins de mon enfance, lorsqu'il n'y avait presque rien et que les rares objets, sur les rayons, étaient placés de telle sorte que les lacunes, entre eux, étaient plus grandes que l'espace occupé par les choses elles-mêmes. Dans le magasin, il n'y a personne, on croirait que les gens savent qu'il n'y a plus rien à acheter. Dans l'étang des pompiers, le ciel d'août se reflète aux endroits dégagés, entre les lentilles d'eau. Miroir immobile, à part le léger froissement des vagues quand une brise frôle la surface. Les rideaux flottent aux fenêtres. Les gens sont chez eux mais ne se montrent pas. Je descends sur les bandes piétonnes jusqu'au terrain de foot. Je me retourne une seule fois. Puis je change et marche au milieu de la route, je saute d'une ombre à l'autre, d'une couronne à l'autre. En contrebas, une gigantesque nappe de lumière aveuglante. Le cimetière est encore là, et quelques rues sur les pentes, et les jardins ouvriers, mais la vallée est une mer dont dépassent les torses des maisons qui font eau. Je pense aux barrages que les Russes édifiaient autrefois, aux vastes territoires sacrifiés au progrès. Personne, ici, n'a construit de barrage, mais à la radio, ils ont dit que peut-être, en Tchéquie, il faudrait ouvrir les barrages de l'Elbe pour éviter leur rupture. Je mange quelques framboises, les garde longtemps écrasées contre le palais. Dans leur douceur, elles semblent presque acerbes.

Je dépose la boîte de framboises au bord de l'eau, le sac à dos aussi, je le laisse là, comme on pose ses affaires à la plage. Au contraire d'hier, il n'y a personne, ici. Brièvement, je crois entendre des voix du côté des jardins ouvriers. J'enlève mon t-shirt. Je garde mon jeans. Prudemment, j'avance les orteils. En nuages marron, les flots se troublent autour de mes chevilles. À chaque pas, j'essaie de me rappeler par où passe la route, mais je ne peux me fier qu'à la plante de mes pieds. Ceux-ci me semblent inaccessibles, comme deux êtres autonomes sous le miroir brillant. Il arrive que j'effleure un caillou, ou des objets indéfinissables. Je m'en veux de ne pas avoir mis de sandales. Je continue prudemment, toujours dans l'espoir de ne pas toucher de clou sous l'eau, ni de planche éclatée, ni de métal coupant. Il n'y a presque plus de courant. Je sens parfois un faible flux, une pression sur les hanches. La seule chose qui rappelle le courant torrentiel de la veille, c'est le fait qu'ici, tout est sous l'eau, toute la ville envahie en quelques heures, et le niveau ne cesse de monter. L'atelier de Vito me vient à l'esprit. Le bloc de cuisine, son lit, les étagères et les machines. Tout cela doit être cerné par les flots, par cette eau à travers laquelle je me fraie un chemin, et j'ai l'impression, dès lors, d'être relié à toutes ces choses, de rejoindre même le passé, chacune des vies liées à ces armoires, à ces pots, à ces matelas qui çà et là dépassent encore de l'eau. Je m'arrête, je veux tâter mon pied, mais au même moment je comprends que cela ne servira à rien. Peut-être que je me suis coupé, peut-être pas. J'essaie de ne pas imaginer combien je suis exposé, à présent, à tout ce qui flotte ici, fioul, solvants, engrais. Devant moi, des traînées grasses glissent paresseusement à la surface, tournent lentement, tournoient, telles de scintillantes galaxies, entre les maisons. Tout un monde, l'inondation, un monde de destruction. Je me demande pourquoi l'idée ne m'est pas venue depuis longtemps de décoller les pieds du fond pour me mettre à nager. Je frissonne, puis je prends mon élan et fends la surface lisse. Je lève la tête très haut, prenant toujours soin de ne pas avaler une seule gorgée. Du côté du viaduc, j'entends le moteur d'un canot pneumatique. Le son ricoche entre les maisons, se démultiplie. Pendant un moment, je me demande s'il n'y aurait pas une petite flottille de barques, mais j'aperçois ensuite le canot qui semble patrouiller entre les maisons. La région a été évacuée. Un instant, j'ai peur à l'idée que je pourrais me faire arrêter. Mais je ne veux rien piller, ici, je ne veux entrer nulle part. Je veux seulement retrouver notre voiture, les papiers de Christina et les jouets de la Petite. Je nage lentement, toujours attentif à ce qu'aucun objet, sous l'eau, ne touche mon ventre, attentif à ne pas rester accroché. Je me sens vulnérable, seul avec mon torse nu au-dessus de la dévastation, mon sexe, mon bas-ventre si loin sous moi. De toutes mes fibres, j'essaie de subodorer que je ne vais pas heurter quelque chose, que je ne vais pas me déchirer le ventre sur une clôture de jardin. L'eau s'écoule autour de moi, vaste et lente. Je crois savoir au-dessus de quelle rue je suis en train de nager, mais je n'en suis pas certain. Avec la tête à ras de l'eau, il est difficile de s'orienter. Soudain, à un angle, une enseigne de pharmacie me saute aux yeux et je sais, cette fois, que je suis au bon endroit. Je fais quelques brasses énergiques. L'eau mousse autour de moi. J'hésite à nouveau, je ralentis en pensant à ce qui pourrait être à l'affût sous mon ventre. Comme si je nageais au-dessus d'un immense cimetière, avec les morts, les pierres, la vie passée. Je sais que le cimetière est sur le coteau, que sous moi, ce n'est que la ville, qui guette. Je suis le nageur qui traverse la ville fantôme. La dernière âme au-dessus d'une vie qui m'apparaît incroyablement éloignée, définitivement enfouie dans le passé. Je constate que le courant s'accélère et je sais que le lit d'origine du ruisseau doit se trouver ici, je sais aussi que le parking de la maison des médecins ne saurait être loin. Je me laisse porter doucement par le courant dont le calme me surprend, en comparaison de la veille, quand le ruisseau était un torrent mugissant. Mais l'Elbe est venue par devant, s'est dressée en une barrière nonchalante, en un bouchon vaseux qui a fait disparaître le ruisseau. On le sent encore comme un léger courant, si bien que je peux manœuvrer entre les maisons. Lentement, le froid me gagne. Une étrange sensation de lourdeur dans le ventre, bien que je tâche de ne pas avaler d'eau. Malgré tout, les cheveux me collent sur la tête, comme enduits d'une épaisse couche de gel. Moins je dois dépenser d'attention pour nager, plus je peux écouter et surtout sentir. Je ne sais pas pourquoi la puanteur ne m'a pas frappé avant, mais tout à coup, je me sens mal, c'est comme si tout ce qui reposait sous les flots se fondait en une seule odeur indescriptible.

Ce qui hier encore était la vie est aujourd'hui déjà détritus, hors d'usage et en passe d'être absorbé, décomposé. Subitement, je pense à la Petite, je pense aux lits d'enfants qui doivent être restés sous les flots, aux animaux en peluche et aux paisibles reliefs des tartines encore posées sur les tables de cuisine. Un petit tourbillon m'entraîne. Je suis emporté jusqu'à l'angle de la pharmacie, je vois devant moi l'arche du pont qui mène au parking, j'ai envie de vomir. Je fais quelques brasses plus énergiques, me dirige rapidement vers le pont dont le tablier, avec la balustrade, dépasse d'un demi-mètre. J'atteins les barreaux et me hisse au sommet. À ma droite, je vois une partie d'un coffre de voiture, un pare-chocs et une plaque minéralogique qui émergent. Le courant torrentiel du ruisseau a dû emporter notre voiture, puis la dresser ici à la verticale, contre le pont qui donne sur le parking. Je tousse, sans savoir si j'ai encore la nausée ou si c'est la colère qui monte en moi.

Je ne sais pas pourquoi je suis parti à la nage. Par esprit de contradiction, peut-être, ou peut-être que je n'ai rien pensé du tout, je voulais seulement sentir le vide, l'absence d'événements. Je me laisse couler le long du parapet, fais quelques brasses en direction de notre voiture. Je prends une grande inspiration, je tâche de remplir mes poumons d'oxygène. Et je plonge. J'ose même ouvrir les yeux, mais ne vois absolument rien. J'étends les bras en avant, donne quelques impulsions des jambes et sens tout à coup le coffre. À tâtons, je trouve la vitre arrière sans rien pouvoir saisir, puis je touche l'isolation en caoutchouc. Je sens des picotements dans les jambes et dans les bras, à mesure que l'air se raréfie. Juste avant de remonter, j'en suis sûr, j'ai touché de la main gauche le rembourrage du siège d'enfant. Je remonte, j'inspire l'air si vite que j'avale presque une gorgée d'eau avec. Je me hisse sur le pont, respire à fond. Des larmes ruissellent sur mes joues. Une fois tout à fait revenu à moi, je replonge. J'essaie de me faire une idée de la position du coffre et du siège arrière. Je reprends mon souffle deux ou trois fois, puis je plonge encore. Cette fois, je suis plus rapide. J'empoigne le siège d'enfant, je parviens à ouvrir les fixations. Un dernier effort, et le siège se détache, je le tire vers le haut tout en me cramponnant au longeron arrière. Le siège est lourd, le rembourrage gorgé d'eau. Il me faut de la force pour me maintenir, avec le siège, à la surface. Mes bras sont lourds et plus je perds mes forces, plus la colère m'envahit: contre l'eau, contre la région et surtout contre moi, d'être revenu ici. Maintenant, nous avons une maison au bout du monde, une maison intacte, oui, mais la vallée, en bas, est dévastée. La maison des médecins de Christina et le bus de Jan. Aussi loin que porte le regard, un cloaque gigantesque, mi-bourbier, mi-fioul, et nous au-dessus: dans un minuscule village, avec des gens que nous ne connaissons pas ou qui ne veulent pas nous connaître. Christina, la Petite et moi englués dans un passé qui n'est que le mien, que j'aurais dû oublier, exactement comme les pommiers et le ciel. Je me rends compte que je respire plus fort, que soudain la vigueur revient dans mes bras et mes jambes. S'il n'en tient qu'à moi, que cette ville disparaisse, et si je ne peux pas sauver notre voiture, alors au moins ce siège ici, la nacelle qui a protégé notre Petite quand nous dérivions par la campagne avec elle. Où elle dormait quand ses bras et ses jambes tressaillaient dans ses rêves. Je tire le siège jusqu'au parapet, je déchire les rembourrages. Je sais qu'ils sont bien trop lourds pour les emporter à la nage. Quelques tentatives, et le tissu mousse se détache et s'éloigne. Je tiens la coque en plastique vide à la main, elle flotte presque sans que j'intervienne, si je m'y prends correctement. Un instant encore, je me maintiens sur le parapet, je flaire ma peau qui sent l'industrie, la chimie. Puis je manœuvre le siège comme un canot devant moi, le poussant tantôt d'une main, tantôt de l'autre. Je constate que je n'avance que lentement contre le courant de l'ancien lit du ruisseau et je prends un autre chemin, au risque de ne pas savoir ce qui menace sous la surface. Les panneaux de signalisation et les réverbères sont de bons repères. Une brasse à droite, une brasse à gauche, pousser et tirer. Je ne sais pas depuis combien de temps je suis en route. J'ai l'impression que des jours entiers se sont écoulés. La ville défile en silence près de moi. Je vise le versant droit de la vallée. Encore trois cents mètres, à l'estime. Six traversées dans la piscine où j'ai appris à nager. Un trajet ridiculement court. Je tourne la tête, tente de repérer le clocher de l'église, mais j'ai besoin de toute mon attention pour maintenir le siège, qui ne flotte que dans une position précise, sinon les parties métalliques pèsent trop lourd. Régulièrement, avec prudence, j'abaisse mes pieds dans l'espoir de toucher peut-être le fond. Mais mon chenal semble n'avoir pas de fond, enfin je reconnais le tracé de la route qui monte vers le village. Je commence à compter pour retrouver la notion du temps et de la distance, mais je suis incapable de le faire tout en me concentrant sur le siège. Mon champ visuel est réduit au minimum, deux mains ridées, le siège et l'eau, si bien que je suis presque effrayé de sentir quelque chose sous mes jambes. Je n'ai plus la force de me demander ce que c'est, de penser que je vais me faire mal. Vite, je ramène les jambes contre mon corps, puis je les déplie prudemment, à la verticale. Il me faut un moment pour réaliser que j'ai pied. Je pousse le siège devant moi comme les enfants dirigent leurs petits bateaux dans la mer. Puis je le soulève, je le soulève en l'air comme un trophée. Je m'ébroue tant bien que mal. J'ouvre la boîte de framboises et une à une, lentement, je les écrase entre le palais et la langue.

J'essaie de me rappeler ce que j'ai écrit à Christina dans ma lettre. À côté de moi, le siège d'enfant – bien qu'il ne pèse presque rien, il était lourd, sur les derniers mètres en pente qui mènent au terrain de football. Je suis assis dans le cercle central, les bras appuyés en arrière, la tête renversée dans la nuque. Je pue le fioul des citernes qui se sont descellées, la boue de l'Elbe, l'ancienne crasse des fabriques tchèques. C'est ainsi que Christina sentait, hier, quand elle est rentrée. Toute la vallée a disparu. Tout est emporté, dissout, anéanti. Les flots m'ont ramené Christina. Mais ce qu'il faut faire du siège, je n'en sais rien. Des restes de rembourrage pendillent sur les côtés. Les autocollants multicolores de la Petite sont presque méconnaissables. Je me représente comment on aurait pu me voir depuis un hélicoptère. Un être bizarre fonçant au fil de l'eau. Un microbe furieux en quête d'une chose invisible, disparue, sans valeur. Je soulève le siège, le porte à deux mains devant moi sur le gazon, à ma suite, toute la caravane des personnages qui m'accompagnent. Derrière le refuge du club, dans les buissons, je le lâche, je laisse sombrer un morceau de celui que j'étais.

Christina cueille les dernières framboises. Elle transpire légèrement, ses bras et ses jambes sont luisants. La Petite joue dans le sable avec les animaux de Vito. Je monte avec Christina dans la troisième chambre, lui montre la table et la chaise et le matelas. Je ne sais pas si ces quelques objets nus présentent la moindre valeur, en fait d'explication de notre présence ici, à tous les trois. Mais ce n'est pas le ciel et ce ne sont pas non plus les pommiers. J'entraîne Christina de l'autre côté, dans notre chambre, j'ouvre mon côté de l'armoire et lui montre le carton avec toutes les choses qu'il contient. Je regarde Christina du coin de l'œil, vois la sueur qui brille dans l'inflexion de son cou, dans les creux des clavicules. C'est tout ce qui reste du temps vécu ici : le tabac tombé en poussière, les billes, les pommes de pin. Pas difficile de comprendre ce que signifient ces choses.

Prends-les, toi, dis-je à Christina.

Elle secoue la tête.

S'il te plaît, dis-je.

Nous redescendons au jardin. La Petite est à plat ventre dans le sable, elle contemple le paysage qu'elle a façonné. Christina et moi, nous allons tout au fond du jardin, à l'endroit d'où l'on aperçoit mon récif. J'attrape la bêche que j'avais appuyée à l'abricotier, je découpe l'herbe, commence à creuser. J'enfonce le tranchant bien droit dans la terre, m'appuie de tout mon poids sur le bord. Comme la terre est noire, à cet endroit. Christina a les yeux fixés sur le carton et parfois sur moi. Fébrilement, je cherche une phrase, mais comment abolir ces choses-là : que la naissance de la Petite ne m'a pas suffi, que nous ne sommes toujours pas mariés, que nous sommes bloqués aujourd'hui dans ce patelin, une impasse comme jadis, même si la route est traversante, que j'ai voulu ménager Christina et la Petite et que mon mutisme a enflé jusqu'à ce que je n'arrive plus à reconnaître personne.

Et puis le trou est assez grand. La Petite arrive en courant pour voir ce que nous faisons. Christina se penche vers elle, lui permet de regarder dans le carton.

Je dis : Ce sont de vieilles affaires. Je n'en ai plus besoin.

La Petite plisse le front et suit les mouvements de Christina : elle descend le carton dans le trou, écarte un peu la terre pour que la boîte puisse glisser plus profond.

Pour finir, j'enfonce le couvercle.

Mais les pommes de pin étaient jolies, dit la Petite.

Peut-être qu'un arbre poussera, dis-je. Mais je ne sais pas si ce sera possible, étant donné l'âge de ces pives. Je pellette autant de terre que possible, la lisse et replace le carré d'herbe. Étonnant, comme tout s'ajuste, comme tout se cadre. Christina tasse l'emplacement avec les pieds. Je répartis le reste de terre dans la haie.

Fini ? dit la Petite, comme pour s'assurer qu'il n'y a plus rien qu'elle pourrait manquer.

Fini, dis-je.

La Petite retourne en courant vers le bac à sable. La poitrine de Christina se soulève et s'abaisse.

Je regrette, dis-je.

Un fourmillement me prend dans les mains quand je pense que j'ignore toujours où se trouve Vito.

Non, dis-je. Nous allons bien.

J'entends la respiration de ma mère, à l'autre bout.

Tu sais que nous sommes sur la colline.

Ah ! oui, dit ma mère, comme si elle se rappelait juste à cet instant la topographie de la région.

Que je puisse me faire du souci pour elle, elle n'y songe pas.

Taratata, dit-elle. L'eau, ça ne me concerne pas.

Jan. Je crie. Jan. Si je n'étais pas celui que je suis, je bondirais dans les airs. La voiture de Jan est chargée de vivres à ras-bord. Il a apporté un téléviseur et des jouets pour la Petite. Brigitte est avec lui. Je décharge la voiture, un œil sur le voisinage pour surveiller si quelqu'un nous voit. J'emporte vite à l'intérieur les corbeilles de pommes, les conserves, la confiture, les champignons. Au moment où nous installons la table de la cuisine sous les arbres, la Batik surgit. Elle a les poings sur les hanches et regarde par-dessus le portail, mais nous ne disons rien. Nous ne faisons pas attention à elle, même quand elle essaie de se gonfler d'importance. Après que nous avons mis la table, elle se détourne. Elle s'éloigne lourdement, la tête un peu penchée, comme dans l'espoir que nous la rappellerons.

Dans un coin du garde-manger, je trouve notre tente, je la dresse à côté du bac à sable. La Petite va chercher sa natte isolante, le sac de couchage, un coussin et des peluches. Christina apporte aussi ses affaires. Le moment vient où Jan et Brigitte renoncent à se défendre contre ma proposition de leur laisser la chambre à coucher.

Mon ami, mon ami, dit Jan.

Des nuages se sont levés, mais s'il devait se mettre à pleuvoir, nous avons la maison comme recours. Quelques pas, et nous serions à l'intérieur. On entend des aboiements. Je suis assis à côté de Christina, en face, Brigitte et Jan, la Petite en bout de table, comme une reine trônant dans un fauteuil que nous avons rehaussé pour elle avec des coussins. Christina, sous la table, presse son genou contre le mien.

Je surveille la clôture. Je crois que quelqu'un passe derrière les buissons, mais ne peux voir personne. Je me penche encore une fois avec un quartier de pomme vers la Petite, elle s'est endormie, sa tête a basculé sur la table. Brigitte apporte un gant de toilette. Nous étendons une couverture dans l'herbe, nous la couchons dessus et lui enfilons son pyjama. Ses jambes et ses bras pendent, un petit enfant tout souple. J'ouvre la tente et j'entre à quatre pattes. Christina me met la Petite dans les bras. Je lui creuse un nid entre nos sacs de couchage. Les nuages sont plus denses. Il fait lourd et calme, comme si l'air était plus dur et que les sons avaient de la peine à se frayer un passage. La couleur des nuages se mêle à celle des feuillages au-dessus de nos têtes, et à celle du faîte du toit, comme si le monde allait se dissoudre d'un moment à l'autre, se transformer en ciel, et disparaître. Au loin, le tonnerre roule, somnolent. Quand nous avons fini de manger, quelques gouttes tombent. Une lune laiteuse se montre, et sans elle, nous n'aurions même pas compris que c'est une trouée dans les nuages, que nous fixons, tellement tout est bleu, maintenant, ton sur ton. Nous nous disons bonne nuit. Brigitte et Jan nous font signe depuis le seuil. Deux silhouettes découpées contre la lumière du corridor. Puis ils referment derrière eux la porte de notre maison. La bande claire s'éteint sur le gazon. Je vois les jambes de Christina, blanches dans la lueur crépusculaire, au moment où elle rejoint la Petite en rampant. Je reste un instant encore sous les arbres. Alors revient le vent du village. Il nous a trouvés ici, nous tous. J'ôte mon jeans. La fraîcheur de l'air s'enroule autour de mes jambes. Je remonte la fermeture éclair de la tente. Il n'y a qu'en haut que je laisse une petite ouverture, afin que notre respiration puisse entrer et sortir. Christina s'est glissée dans son sac de couchage, mais elle l'a laissé ouvert. Elle tâtonne du pied dans ma direction. Maintenant je pourrais lui poser la question. Maintenant nous pourrions laisser les fleurs de coucou derrière nous et Christina me raconterait quelque chose de la maison dans laquelle elle a grandi. Mais je n'en fais rien. Je ne fais que serrer doucement le pied de Christina entre mes jambes, je sens ses chevilles, je sens le sang qui bat dans les artères dorsales de mes pieds et j'imagine une histoire à ce propos. Une qui serait bonne pour Jan. Une qui serait bonne pour nous tous, ici. Je ne sais pas encore quel serait son déroulement, mais elle parlerait de s'en aller. On y figurerait tous: Christina, Vito, moi, nos parents, les gens du village, les crânes rasés. On est tous dans le même bateau. Sauf que chacun à sa façon.

La pluie a repris. Les gouttes frappent tout près, sur la toile de la tente. La respiration de Christina est régulière. La Petite aussi dort profondément. Je suis à l'intérieur de la pluie. Je loge au creux d'une goutte. Le monde extérieur chatoie, déformé. C'est ainsi qu'on erre en rêve. Tout est présent en simultané. Père roule à vélo à travers des ondées. Mère se laque les ongles avec de l'eau. Vito s'arrose lui-même. Il a germé, sa jambe a repoussé. La Petite, dans un costume irisé, est directrice de cirque. Ses animaux en bois sautent de tabouret en tabouret. Christina et moi, dans le public, applaudissons.

Quatre jours se sont écoulés depuis que l'eau est arrivée. L'Elbe continue à monter. Plus loin, là-bas en bas, les costumes de l'opéra ont été emportés. Regardez, s'est écrié Jan. Les costumes ont largué les amarres, les robes à crinoline, les tutus, les négligés. Le fleuve a tout pris et tout emporté. De même que l'Elbe peut faire un sort aux vêtements, elle aura vidé l'atelier de Vito. Seuls les établis seront restés en place, les tours, les étaux, mais qu'est-ce que ça veut dire : restés. L'eau est comme un acide, même si elle se contente de tournoyer paresseusement, elle désagrège les choses, les ronge, les disloque. Comment faire pour nager avec une seule jambe dans cette eau ?

Je ris avec la Petite, je joue pendant des heures, mais chaque minute est longue comme un jour. J'ai honte de ces préoccupations, maintenant que Christina est revenue, avec la Petite, mais plus je fais des pâtés de sable, plus je remplis des seaux d'eau, plus je pense à Vito. Je le vois dans la lumière du soir, couché dans l'herbe, éjecté de notre remorque dans le pré, les yeux mi-clos. Son visage blême en face du mien, moi penché sur lui. S e c o u r s. Je vais chercher du secours, dis-je, et j'ai l'impression de devoir le porter encore, bien que la Petite soit assise devant moi et attende que je construise le plus grand de tous les châteaux de sable, avec des princesses, des dragons et beaucoup, beaucoup d'animaux. Je tourne autour de la maison, je vais et viens entre les arbres.

Christina m'appelle, alors je redeviens un enfant et je me tais, parce que pour finir, c'est elle qui m'envoie. Je m'assieds à côté de Jan dans la voiture. Nous traversons les villages. Près de l'enceinte ruinée où l'on stockait les betteraves, nous bifurquons à travers champs.

Enfin il se passe quelque chose, dit Jan.

Nous roulons vitres ouvertes. Je hume l'air et je ne sais pas si vraiment, l'odeur d'eau, d'humidité et d'inondation monte de la vallée, ou si je ne fais que l'imaginer.

Écoute, j'ai une histoire pour toi, dit Jan.

La fille qui là-haut, dans la cuisine de la forteresse, effilait les haricots et pelait les carottes, une fois, pendant une fête, elle a dû donner un coup de main au service. Un prince est tombé éperdument amoureux d'elle. Mais elle a pris peur, elle a filé en courant et perdu sa chaussure.

Arrête de déconner, dis-je à Jan.

Pour déconner, c'est toi le spécialiste.

Oui, je réponds. Ça c'est nouveau. Je te remercie.

Dis à Christina que vous repartez de zéro. Pour ça, l'eau a du bon. De toute façon, tout a été emporté.

Arrête de déconner, dis-je à Jan. Arrête ces grands discours.

Notre grotte est vide. Des traces de pas de tous côtés, et sur le sol, aussi, des empreintes de nattes isothermes et de sacs de couchage. Nous tendons l'oreille dans le soir, en face, nous voyons trôner la forteresse. On n'aperçoit personne sur les créneaux. C'est ainsi qu'enfant, je me représentais le monde après la guerre, tout est encore là, mais les gens ont disparu.

On y va, dit Jan.

Mais c'est plus fort que moi, je rampe encore jusqu'au fond de notre abri, j'ai l'impression de sentir l'odeur du salami hongrois et de la bière, mais je ne trouve que le refuge d'un loir, quelques plumes et déjections. J'éteins ma lampe de poche et reste accroupi dans l'obscurité.

Qu'est-ce qui te prend ?

La voix de Jan me parvient de loin, me rejoint sous des tonnes de grès, de glaise, de fougères, d'arbres et de toutes ces choses qui m'écrasent de leur poids. Je sors de la grotte à quatre pattes, j'escalade la ravine juste à côté de la grotte et me retrouve sur le plateau. Une mer de fougères, une autre inondation.

J'appelle de toutes mes forces : Vito, et encore : Vito.

Jan, derrière moi, débouche de l'escarpement, tout essoufflé. Toi, prends par ce côté, dis-je en montrant le sentier qui longe le côté nord du plateau. Je m'époumone. J'entends aussi Jan, comme un écho de mes propres appels entre les troncs. Quand je reprends mon souffle, j'entends le vent fouiller dans les pins, mais les fougères restent immobiles. La lumière les traverse mollement. De vives taches de clarté et des traînées de poussière se jouent de moi. Ici ou là, je crois voir une tête, ou je prends un tronc pour la silhouette de Vito. J'ai déjà fait un quart du tour complet. Jan semble s'être tu. Je m'adosse à un tronc, je crie de toutes mes forces. Commandant, commandant, semblent murmurer les pins. À la pointe occidentale du plateau, Vito est debout et fait des signes. Même quand je plisse les yeux, même quand je me passe la main sur le visage, sa silhouette ne disparaît pas. Je bondis par-dessus racines et pierres. Vito vient lui aussi à ma rencontre. Il s'est accroché deux sacs autour du cou.

Je crie : Pourquoi n'es-tu pas venu ?

Je peux distinguer la suie sur ses joues, les fins sillons de sueur et la crasse le long des tempes.

Pourquoi n'es-tu pas venu ?

Maintenant, nous sommes tous à la maison. Vito a tout de suite retrouvé sa chambre. Il a réussi à s'enfuir de justesse grâce à sa voiture. La laissant au pied de la grotte, nous avons pris celle de Jan pour rentrer. Je regarde mes mains, elles qui ont transformé tout ce qu'elles ont touché en disparition. Mais à présent, la maison est pleine et je ne sais pas quel tour prendront les événements. Les autres sont partis se coucher depuis longtemps. La Petite dort dans la tente. Je suis dehors avec Christina, à la table.

On doit fonctionner, dit-elle. Tant que l'eau sera là, on devra fonctionner.

Mais je veux savoir ce qui va se passer quand l'eau sera loin. Je regarde Christina. Comme lorsqu'on répète mille fois un mot et qu'il finit par paraître inconnu, je vois une autre Christina. Elle m'est douloureusement proche, c'est comme si je lui avais fait mal tout ce temps, absolument sans m'en rendre compte, parce que je la confondais avec cette Christina qui n'existait que pour moi. L'inondation me l'a rendue. À présent, l'eau n'a qu'à monter, monter autant qu'elle voudra, nous resterons ensemble. Christina vient à moi, s'assied sur mes genoux, pose la tête sur mon épaule. Je laisse mon regard se vider, mais soudain je vois quelqu'un passer sur la route, plutôt lentement, comme à la recherche de quelque chose. Christina aussi se dégage, rampe auprès de la Petite, car c'est elle que nous devons protéger. Mais là-haut dans la maison, Vito dort. Il est là, comme il a toujours été là.

Les étoiles clignotent, nerveuses. On dirait qu'elles changent de couleur, elles scintillent en rouge ou en vert, comme elles le faisaient jadis, quand Vito dormait dans notre grotte et que je veillais seul dans la nuit. Je regarde notre maison, que nous avons cédée à Vito, Jan et Brigitte. Notre voiture me manque. Je peux palper les rembourrages rugueux, je peux poser mes mains sur le volant, brûlant quand on quitte un parking, ou je me revois assis derrière à côté de la Petite pendant que Christina conduit, imperturbable.

Lentement, le jour se lève. Je ne sais pas si je suis resté réveillé toute la nuit, mais j'en ai l'impression. Je mets un des animaux de Vito dans la main de la Petite. Ses doigts se referment dans son sommeil. Christina a glissé de côté. Son dos est appuyé contre la toile, si bien que les tentes intérieures et extérieures se touchent. Je vois notre haleine, qui s'est condensée pendant la nuit. Je regarde le film humide comme la carte d'un pays jamais vu. Brièvement, je pars à la dérive, jusqu'à ce que la porte de la maison claque. Quelqu'un marche dans le jardin. J'entends l'imperceptible syncope des pas.

Je guette entre les buissons jusqu'à ce que je sois sûr que Vito ne puisse plus me voir. Puis je sors sur la route. Je regarde à gauche et à droite, Vito ne peut qu'être parti en direction des champs. Les maisons projettent les premières ombres, très longues. Je suis surpris de voir un papillon posé sur le pare-brise de la voiture de Jan. Je m'approche lentement pour ne pas l'effaroucher. Sous l'essuie-glace droit, il y a un bout de papier. Impossible que Jan connaisse quelqu'un, ici. Le papier est grossièrement quadrillé, comme nos feuillets d'écoliers, autrefois, quand on apprenait à écrire les chiffres. En majuscules, proprement alignées pour remplir chaque carré, il y a deux lignes superposées :

Que fait le Tchèque ici ?

Tout est de sa faute.

Depuis que je marche derrière Vito, tout ce temps, j'ai gardé le billet entre mes doigts. J'ai commencé par le chiffonner, puis je l'ai lissé. J'ai d'abord pensé à la Batik, mais elle a parlé avec la Casquette, et qui sont les gens avec lesquels la Casquette s'entretient, je n'en sais rien. Je serre le poing et crache dans le sable. Rien, je ne sais rien de rien. Et tout est flottant. Et ça pue, aussi. Juste assez pour qu'on le sente, et puis qu'on ne le sente plus. C'est ainsi qu'ils font, ici : on ne saisit rien ni personne. Et si je posais des questions, on me répondrait par un silence, dans le meilleur des cas, mais sans doute plutôt par un ricanement. Je pense aux fruits que j'ai trouvés parfois sur le montant de pierre. C'était une farce, rien de plus.

Vito marche étonnamment vite. Entre-temps, le soleil est monté au-dessus de la forêt. Le chemin est un tapis tremblotant de taches de lumière et d'ombres. Quand je quitte le couvert d'un arbre pour entrer dans la lumière, je suis ébloui, l'espace d'un instant. La silhouette de Vito, devant moi, disparaît puis flambe à nouveau, si bien que je pense au vol inquiet des lucioles qui s'allument et s'éteignent dans les talus. Je repense à ce que je sais à propos de Vito. Obscur, le plus souvent, avec de loin en loin une brève lueur.

Déjà, l'Elbe brille entre les troncs. Je reste en arrière. Vito ne marche pas aussi vite qu'avant, comme s'il avait peur d'aller plus avant. Deux hélicoptères tonitruent au-dessus de la forêt. Ce n'est que lorsque le silence revient que Vito se remet en route. Il y a encore cent mètres jusqu'au point culminant des jardins ouvriers, à la lisière de la forêt, où sont placés deux bancs.

Vito franchit les derniers mètres comme au ralenti. Quand il sort de la forêt, la lumière rasante l'illumine. Il est debout, immobile. Les épaules relevées, la tête tendue en avant. Je ne sais pas si c'est le soleil qui me joue un tour. Vito semble vaciller. Une ou deux minutes, il résiste, puis il tend les mains vers l'accoudoir d'un des bancs et s'assied. Je reste caché derrière un immense tilleul. Je suis resté tout le temps ainsi, derrière Vito. Il ne peut pas me voir. Nous ne pouvons ni nous parler ni nous faire des signes, mais j'aurai été là.

Quand je risque un œil derrière le tronc, je vois les toits de la Ville-qui-n'en-est-pas-une. Et je vois l'inondation. L'eau est montée depuis hier. La silhouette de Vito se détache, nette, devant l'eau et les toits. Figé, il trône au-dessus des événements. Si Christina nous voyait ainsi, elle éclaterait de rire. Moi derrière un arbre comme un voleur, et Vito ne se doutant de rien, au-dessus de la catastrophe.

Je m'avance d'un pas ferme. Le gravier du chemin forestier crisse. Quelques pas suffisent et Vito se retourne.

Ça ne pouvait pas manquer, dit-il.

Je me suis fait du souci, dis-je.

Moi aussi, je m'en suis fait, reprend Vito. Mais il ne reste rien à propos de quoi se faire du souci.

Vito semble presque sourire, mais ses yeux sont las.

Et je voulais traverser la forêt avec toi, dis-je, et je ne sais pas si Vito pousse un petit soupir, ou si c'est un petit rire.

Je n'avais presque plus de dettes, dit-il.

Tu as été plus malin, en achetant la maison de la Kosel sur la hauteur, ajoute-t-il.

Un hasard, je réponds.

Allez, viens t'asseoir, dit-il en désignant la place vide à côté de lui. Il sort un paquet de cigarettes de sa poche. On arrivera quand même à en fumer une ensemble. Depuis le temps.

Mais je ne fume pas.

Eh bien tu vas le faire, maintenant. C'est le bon moment, tu ne trouves pas? Ici, après tant d'années, en fumer une. Puisque tout a disparu, il y a de la place pour du nouveau. Vito s'enfonce une cigarette dans la bouche, frotte une allumette et prend quelques bouffées. La fumée s'élève lentement. Il n'y a pas le moindre souffle de vent. Tiens, dit-il en me tendant le paquet.

J'extrais nerveusement une cigarette. Vito fait flamber une allumette et se penche vers moi, comme les conspirateurs de jadis.

J'aspire prudemment, garde la fumée dans la bouche. Au deuxième essai seulement, je l'aspire dans les poumons. Ma gorge se noue comme si une corde brûlante me serrait le cou.

Respire, dit Vito en riant.

J'expire et j'inspire précipitamment, en sorte que je m'étrangle sur ma propre respiration. Je ne peux plus arrêter de tousser. Vito me regarde en riant, tout d'abord en hésitant, puis si fort que ma toux et son rire semblent se briser en écho dans le silence des hautes eaux. Exactement au moment où je cesse de tousser, je suis moi-même pris d'un fou rire, et la toux reprend. Vito ne peut pas arrêter non plus. Nous rions aux larmes. En bas, l'inondation, le fioul, les décombres qui se sont amoncelés en un tas gigantesque sur la rive, à ce que nous pouvons voir d'ici.

Nous rions jusqu'à ce que quelqu'un se dresse devant nous. Vito aspire une bouffée et souffle la fumée en la chassant de côté. L'homme est silencieux et ses yeux, au-dessus des cernes sombres, nous scrutent. Sa tête est rasée, parsemée de petites blessures cicatrisées. Il a l'air d'attendre une réponse.

Je ne fais que regarder ce qui a été emporté, dit Vito.

Ah! dit l'homme. Le pied-de-poule bleu-beige de son maillot de corps me donne le tournis.

C'est mon logement, qui a été emporté, avec tout ce que je possédais, si vous voyez ce que je veux dire.

Vito, comme par inadvertance, relève son pantalon en sorte qu'on aperçoit sa prothèse.

L'homme passe une main lasse sur son visage. Un instant, je crois que son exaspération est passée, mais il me désigne.

Et lui?

Nous sommes amis, dis-je, et j'observe Vito du coin de l'œil.

Mais tu n'es pas d'ici, dit l'homme.

Pourquoi?

Tu parles pointu.

Je parle comme je parle, dis-je.

C'est donc bien du pillage, dit l'homme.

Comment, du pillage?

C'est une zone évacuée, ici.

J'examine l'inconnu. Je le fixe par en dessous. Son front est en sueur. Les poches sont luisantes sous ses yeux. Maintenant seulement, je vois qu'il doit être âgé. Ses épaules sont affaissées et son crâne chauve est presque blanc, à plusieurs endroits, sans pigmentation. Il me fait pitié. Je ne veux pas qu'il me fasse pitié.

C'est parce qu'on est des pillards, qu'on rit si fort. Pour que tout le monde sache qu'on est là, dis-je. On commence par rigoler comme des baleines, puis on va faire notre razzia. L'unijambiste et moi.

L'homme lève les mains en un geste d'apaisement et recule de quelques pas, en trébuchant, il descend quelques-unes des marches qui donnent accès au banc. Je suis écœuré, c'est la cigarette, c'est la fureur. C'est comme si je menais éternellement la même conversation. Depuis le temps que je suis ici, une seule conversation, quel que soit le sujet, le moment arrive toujours où je dégringole, dégringole, mais aujourd'hui j'ai quelque chose à quoi me tenir, une prise, comme une oreille bien découpée à laquelle m'accrocher et me hisser.

Tenez, dis-je à l'homme en tendant le paquet de cigarettes dans sa direction.

J'habite ici derrière, au village. Mon père a travaillé à la Wismut jusqu'à ce qu'il soit emporté par toute la saloperie des Russes. Je n'ai jamais pu oublier cette région. Et je n'ai jamais pu l'oublier lui. Voilà pourquoi nous sommes ici.

Je pose la main sur l'épaule de Vito.

Allez, prenez donc, dis-je en soulevant un peu le paquet.

Vous êtes des drôles d'oiseaux, tous les deux, dit l'homme, mais il monte quelques marches pour nous rejoindre. Je me rapproche de Vito. L'homme se laisse aller sur le banc avec un soupir. Il dégage une odeur aigre, mais peu m'importe. À présent, on est assis là et on regarde. Nous sommes ceux que Caspar David Friedrich n'a pas peints : trois hommes contemplant l'inondation. Je ne sais pas ce que cet homme voit et je ne sais pas non plus ce que voit Vito, s'ils regardent en arrière ou en avant, ou s'ils se laissent entièrement captiver par ce qui est encore présent. Quelques pignons, les cimes des arbres et l'escalier aux marches usées qui descend à travers les jardins ouvriers jusque dans l'eau, là où tout passé commence, parce que toutes les choses qui ont été englouties n'ont ni présent ni avenir. Même si elles sont encore là, elles existent désormais dans un autre monde, inutiles, hors d'usage, et avec elles, tout ce temps qui est passé. Brusquement, tout cela ne sert plus à rien. Personne n'aurait pu peindre cela. La grande inondation en nous, les années sous l'eau dans un système, puis dans le suivant.

Je m'aperçois que ma main est toujours posée sur l'épaule de Vito. Alors je soulève aussi l'autre bras.

Parfois, nous jetons un regard en arrière, mais le chemin, derrière nous, est vide et éblouissant dans la lumière matinale. Les troncs, de part et d'autre, comme un mur, même si ce n'est pas un mur.

Regarde, dis-je à Vito, et tout en marchant, je lui fourre le billet dans la main.

C'est parce qu'ils croient que les Tchèques ont foutu le bordel en ouvrant les barrages.

Je sais, dis-je, mais c'est faux.

Oui, mais c'est plus simple ainsi, dit Vito. Quand tu as quelqu'un, c'est plus simple.

Nous cueillons des fleurs, toutes celles que les bas-côtés de la route produisent. Pour les coquelicots, il est déjà trop tard, les bleuets aussi, il n'y en a presque plus, en revanche les marguerites et les premiers chardons violets. Je pense à notre maison qui nous attend, à Christina, à la Petite, à Jan et Brigitte. Je vois la table dressée au jardin et chacun parle comme il veut, sans personne aux aguets derrière les clôtures. Je ne vais pas montrer le billet à Jan et je demande à Vito de l'oublier. Nous portons chacun un volumineux bouquet au creux du bras. Je me tais parce que chaque phrase, dans mes pensées, sonne faux, ou impossible, parce que je ne sais pas par où commencer, et que si je commençais, je ne saurais pas à quoi je veux en venir. Alors nous cueillons par touffes entières, nous brisons les tiges poilues pour qu'elles aient toutes la même longueur. Nous ne possédons même pas de vase assez grand. Tant de choses qui nous manquent. Mais maintenant que nous sommes tous là, cette pensée ne m'effraie plus. Notre fugue, avec Vito, me traverse l'esprit, le vent qui soufflait dans la steppe de Baïkonour, et comment nous nous étions catapultés dans notre propre orbite, comment nous avions laissé le village derrière nous, nos parents, les voyeurs et les baveux. Et à cet instant, alors que je suis plongé jusqu'aux genoux avec Vito dans le fouillis du talus, et certain que les autres sont à la maison, en sécurité, à cet instant, j'entends le hurlement des réacteurs. Sous moi, une propulsion colossale. Quelque chose est mis à feu et la Batik devient toute petite et la Casquette de même, et tous les autres villageois. J'arrive à oublier qu'ils m'ont chassé loin de l'étang. Mais pour combien de temps, je n'en sais rien, et je ne sais pas non plus si cela suffira pour l'apesanteur.

La Petite court à notre rencontre. Je pose mon bouquet dans ses bras. Elle peut à peine le porter. Christina, avec la Petite, va chercher deux seaux. Nous disposons une gerbe sur les marches du perron, l'autre sur la boîte aux lettres, devant, près de la clôture. Nous racontons où nous sommes allés, la vitesse du cours de l'Elbe. Mais je ne mentionne pas l'homme, pas plus que le billet.

Il y a quelques personnes dehors, en petits groupes, qui fument. Ici ou là, quelqu'un regarde par-dessus la clôture.

Mais je n'aperçois ni la Batik, ni la Casquette. Ce sont d'autres gens. Parfois, quelqu'un arrive, et parfois quelqu'un repart.

Je demande à Jan : Tu les vois ?

Ils fêtent quelque chose, dit-il, mais il se tourne fréquemment vers la route.

Je ne veux pas inquiéter Christina. Elle s'est retirée dans le coin le plus éloigné du jardin, elle lit ou elle dort. Vito reste aussi dans sa chambre. Je suis assis avec Jan près de la Petite. Nous avons tiré le tuyau d'arrosage jusqu'au bac à sable et nous construisons un circuit de billes, comme le désire la Petite.

Papa, tu ne fais pas attention, dit-elle.

Un chien aboie. Je pense au billet, toujours dans ma poche.

Ils sont alignés le long de la clôture et ils regardent, une haie de personnages muets. Là où les buissons sont moins denses, des visages blêmes brillent à travers les feuilles. Nous mangeons. Les couverts cliquettent. Je m'entends déglutir. La Petite mastique, penchée au-dessus de son assiette, mais son pain ne diminue pas.

Tiens, prends-en encore, dis-je à Jan à haute voix, je lui tends la corbeille de pain et me tourne vers la route. Je vois les têtes pivoter vers moi. Même celles qui sont derrière les buissons se tournent dans ma direction.

Merci, mon ami, dit Jan. Merci.

Jan parle avec Brigitte.

Un chuchotement parcourt la haie. Eux sont de l'autre côté de la clôture. Nous mangeons de notre côté, un point, c'est tout. J'essaie de me convaincre.

Christina prend la Petite dans ses bras et l'emmène dans la maison.

Elle a la pétoche, la gamine ? Eh oui, elle a la pétoche.

J'essaie de me souvenir de la voix de l'étang, mais je ne sais pas si c'est la même.

Elle a bien raison, dit la voix. Des rires s'élèvent.

Je prends trois bières dans le seau d'eau. Nous trinquons. La mousse déborde des bouteilles. J'essaie de prendre une profonde gorgée.

Brigitte rentre aussi dans la maison.

Encore une qui se casse, crie une voix de femme aiguë, stridente d'excitation. Des applaudissements éclatent, isolés.

Vito écarte sa chaise de la table, tend sa jambe loin en avant et se tourne vers la clôture.

Je vais me faire un peu de cinéma, s'écrie-t-il.

Jan s'installe à côté de Vito, moi aussi, j'aligne ma chaise sur les leurs. Je plisse les yeux, tâchant de reconnaître quelqu'un. Tous des inconnus. Des fantômes livides, sortis d'on ne sait où. Ils ont l'air fatigués, mettent toutes leurs forces à se tenir debout.

Vito, avec ses béquilles, se dirige en vacillant vers la maison. Quand il revient, il a mis sa prothèse.

À présent, je vais rentrer la vaisselle, dit-il, ou bien est-ce que quelqu'un veut encore quelque chose. Il tend les mains en direction de la clôture. Toi ou toi ou bien toi.

Commence pas à faire ton malin, crie quelqu'un derrière les buissons.

Et sinon quoi ? lance Vito. Sinon vous tabassez l'unijambiste, le Tchèque, une fillette de quatre ans et tous ceux qui sont ici.

Nous rapportons les assiettes dans la maison, les bols, les verres, les restes de fromage, de pain et de saucisse. Au fur et à mesure que la table se vide, la haie se disperse. Quelques cigarettes rougeoient. Maintenant, même, on parle. Nous n'avons pas allumé la lumière dans la maison, nous faisons la vaisselle dans l'obscurité.

La Petite est réveillée dans notre lit. Christina s'est couchée près d'elle, lui tient la main en parlant à voix basse.

Jan s'est allongé en bas, sur le divan, à ses pieds une bouteille de bière et ma vieille bêche. Je montre à Jan le billet.

Putain, dit-il. Demain je fous le camp.

Ça ne changera rien, dis-je.

Vito est encore devant la maison.

Va dormir, lui dis-je.

Dormir, elle est bien bonne.

Je déroule pour nous les nattes isolantes à côté de la porte d'entrée, j'étale les sacs de couchage.

Et Jiři, tu l'as revu ?

Il est mort, il a bu à en mourir, il ne supportait pas l'inactivité.

Vito tend la main vers moi.

Dire qu'on va de nouveau dormir dehors. Nous deux contre le monde. Il le faut bien, dit-il en désignant les deux silhouettes qui sont encore là.

Je ne sais pas ce que je dois faire, dis-je à Vito.

Et c'est à moi que tu le demandes. C'est bien le comble.

Dixième jour d'inondation. L'eau baisse. La Ville-qui-n'en-est-pas-une émerge. Nous avons démonté un bout de la clôture. Jan a fait entrer sa voiture dans le jardin.

J'ai encore une roue, dit-il.

Depuis la tente, j'ai entendu l'air siffler en s'échappant du pneu, mais je n'ai vu personne, quoique je me sois précipité si brusquement hors de la tente que la Petite s'est réveillée. Ce devait être un habitant des maisons voisines, on ne disparaît pas si vite, sinon.

Nous tenons bon. La maison reluit. Jan s'est frayé un passage à travers le jardin, il a coupé les roses fanées, taillé les buissons. Le zoo de la Petite s'agrandit. Le bac à sable déborde d'animaux, mais la voiture ne plaît pas à la Petite.

Elle a une odeur bizarre, dit-elle. Il faut qu'elle parte.

Dehors, dans la rue, une des roues a eu un trou, dis-je, à cause des cailloux.

Mais elle n'a pas roulé du tout, répond la Petite. Elle a son sourire enfantin, comme chaque fois qu'elle remarque qu'on lui cache quelque chose.

De toute l'Allemagne, on amène des gens par charretées. Ils sont accueillis à bras ouverts. Tous bienvenus. Des hourras comme à la chute du Mur à chaque camion de pompiers qui débarque. Qu'ils viennent, qu'ils pompent, fouillent la saleté, filtrent le fioul. Et les caisses de nourriture aussi, sont les bienvenues, les monceaux d'objets, les meubles usagés. Mais ce qu'il en est de nous, je ne le sais pas.

Je ne peux pas les aider, ceux d'en bas, dis-je à Christina qui raccommode avec Brigitte les vêtements de la Petite.

Ce n'est pas le mot, dit Christina, l'aiguille brille entre ses doigts. Il ne s'agit pas de pouvoir.

Je m'éloigne en grommelant, laissant Christina et Brigitte seules.

La Petite est assise avec Jan dans la voiture. Il a allumé le moteur. La Petite, au point mort, appuie sur l'accélérateur avec des éclats de rire.

Je crève d'ennui, mais descendre dans la vallée, non. Et si oui, uniquement pour l'atelier de Vito, mais si près de l'Elbe, il y a encore de l'eau, et elle va rester. C'est ce qu'ils disent dans les émissions en direct que regarde Jan en continu. Je ne sais pas pourquoi il veut voir tout cela.

Éteins cette caisse, je dis.

Alors Jan se bouge, va jouer avec la Petite ou se fait montrer par Vito comment on taille le bois.

J'ai besoin d'être près de Christina, j'essaie de l'aider dans les menus travaux que nous avons à accomplir.

Mais laisse-moi faire, à présent, dit-elle, et il me faut chercher autre chose.

Je veux m'étendre à l'ombre et dormir, mais je ne le peux pas. Je n'ose pas davantage m'écarter des environs de notre maison. La clôture est comme un cercle enchanté. Une curieuse prison, toutes les portes sont grandes ouvertes, mais aucun d'entre nous ne peut s'échapper.

Va les aider, dit Christina. Sinon j'irai.

Elle tend les mains vers moi comme pour dire : À présent, à toi de mettre les mains dans le cambouis.

Christina veut une réponse de ma part. Ce n'est pas difficile à deviner. Si je suis capable de me secouer, si je peux me transformer en quelqu'un qui s'engage corps et âme, sans qu'il y ait aucune différence entre ce qui a été et ce qui est.

Je prends Christina aux épaules et la fait doucement pivoter vers la rue.

Ils sont tous là, du moins tous ceux qui croient que les hautes eaux sont une conjuration des Tchèques. Et c'est pour ça qu'aucun de nous, ici, ne ferme l'œil. Et c'est pour ça qu'on ne laisse pas un seul instant la Petite toute seule. Combien d'entre eux Christina a-t-elle dépliés, mais y en a-t-il un seul qui s'en souvienne ? Impossible à savoir. Ni pour moi, ni pour Christina, qui se mord les lèvres. Je serre Christina contre moi, parce que c'est cela qu'il faut faire. Ne pas se disloquer, ne pas céder à la pression, jouer et rire avec la Petite, remercier Jan et Brigitte de préserver notre barque du naufrage, rappeler à Vito qu'il ne doit pas se cacher, et quand on est sûrs de ne pas être observés, quand la maison est silencieuse, dormir ensemble.

Nous sommes pareils à des voleurs, mais c'est dans notre propre clôture que nous pratiquons un trou pour sortir directement dans les champs. Nous nous faufilons à travers les buissons. La Petite s'écorche un peu le bras, mais elle est trop brave pour pleurer. Nous marchons à la file indienne. Moi devant, avec la Petite sur les épaules. Derrière nous, Christina, puis Brigitte et Vito. Jan est le dernier. Nos ombres marchent à côté de nous, longues et minces. Lorsque je tourne la tête, je vois l'étrange cortège de personnages que nous formons, portant de gros sacs à dos comme des coquilles d'escargots. Jan s'amuse à gesticuler. La Petite gesticule en retour avec son ombre. Tous, nous faisons quelque chose, nous jetons les jambes en avant, nous marchons pliés en deux, ou nous levons les bras au-dessus de nos têtes. Que la Petite pouffe seulement. Non, qu'elle rie aux éclats, comme il y a encore quelques semaines. Dans la forêt, nous faisons du slalom entre les troncs. Je vais devant, les autres serpentent derrière. La Petite fait pivoter ma tête. Je dois marcher dans cette direction-là. C'est ainsi que nous rejoignons le sentier touristique et le pied de la falaise. Je fais descendre la Petite de mes épaules, la dépose là où commencent les étais de fer. Nous attaquons l'ascension. J'enferme les mains de la Petite dans mes mains, j'enclos son corps à l'abri du mien, en étendant mes bras et mes jambes autour de la Petite. J'entends son souffle, je sens comme elle se tient, pendant que nous grimpons toujours plus haut. Christina aide Brigitte tandis que Jan et Vito, en silence et concentrés, se hissent d'étai en étai.

Il faut rentrer la langue, dis-je à la Petite. Elle transpire. C'est le moment où le paysage s'ouvre.

Ne pas regarder en bas. J'enveloppe la Petite autant que je peux dans mon corps. Encore dix mètres, et nous serons au sommet.

Nous serrons tous la main à la Petite et nous l'embrassons.

Elle rayonne.

Nous nous mettons à l'aise sous les pins. Nous avons tout ce qu'il faut : de quoi manger, des couvertures, des nattes isolantes. Si quelqu'un nous voyait installés ici, il penserait que nous fêtons quelque chose. Oui, c'est ce que nous faisons. Tous, nous avons trouvé le chemin jusqu'ici, d'où que nous venions. Nous regardons notre maison. Devant, toujours, la haie de gens. Je souris à l'idée que nous avons fugué. La maison ouverte, chacun pourrait y entrer et s'y promener pour voir ce qu'on peut voir partout : un peu de vaisselle dans l'évier, un livre sur la table, des verres, des bouteilles ouvertes. C'est ainsi que nous vivons.

Nous nous installons, nous déployons des nappes sur le grès. Nous portons les yeux sur les monts Métallifères, le village est à gauche. Nous pouvons le regarder, mais rien ne nous y oblige. Brigitte pèle des pommes pour la Petite. Elle commence en haut, laisse la pelure se dérouler en une spirale qui se balance. La Petite est ravie. Quand le soleil décline, un petit vent se lève, juste suffisant pour qu'on le sente.

Nous mangeons sans hâte. Je pense aux gens qui montent la garde devant notre maison. Tellement inutile, ce qu'ils font, que nous soyons là ou pas, tellement inutile, mais maintenant, alors que nous mangeons ici en haut, je suis pris d'une prodigieuse gaieté. Ils se trouvent devant une maison fantôme, le cocon que nous avons quitté. Nous pourrions être n'importe où, tous ensemble. Nous étendons les nattes sur le grès encore tiède, nous nous glissons dans les sacs de couchage et les couvertures. Les premiers astres scintillent. La Petite est à côté de moi, elle a tiré son sac de couchage jusqu'au nez. Christina lui explique les constellations. Les étoiles se montrent l'une après l'autre, et puis en un clin d'œil, il en vient toute une poignée, jusqu'à ce que la Voie lactée se lève comme une brume. La Petite tremble d'excitation. Elle veut savoir ce que c'est.

Beaucoup, beaucoup d'étoiles proches les unes des autres, dis-je. Nous aussi, on en fait partie.

La Petite ne comprend pas.

Je n'arrive pas à expliquer comment nous en faisons partie, mais nous en faisons partie, d'une façon ou d'une autre.

Nous nous dirigeons vers la première maison qui se présente. Nous avons apporté deux pelles et une caisse à outils. Jan a enfilé son bleu. La maison est coupée en deux. La partie inférieure est sombre, tapissée de saleté, l'étage supérieur est d'un blanc éblouissant. Un angle semble s'être affaissé, on dirait que la maison donne de la gîte. À l'intérieur, on entend le ronronnement d'une pompe, un visqueux flot marron s'écoule sur la chaussée. Une femme, dans le jardinet, s'affaire à trier des objets qu'elle sort ou remet dans une caisse. Toute la pelouse est constellée de ce qui a été récupéré : un divan, deux fauteuils, une table, trois chaises, un coffre à habits. Deux manteaux de fourrure, un costume, des chemises et des corsages sont suspendus aux branches d'un cerisier. Au moment où nous nous approchons, un homme sort de la maison en poussant sur une planche une brouette remplie de pierres et de terre.

Ahoj, dit Jan en faisant un signe de main.

L'homme lève les yeux. La brouette oscille, mais il parvient à l'amener jusqu'en bas de la planche. Il la pose, nous examine et disparaît à l'intérieur.

Devant nous, trois hommes viennent se planter. Celui que nous connaissons déjà. Les deux autres tout aussi dégingandés, avec les mêmes cheveux blonds filasse. Tous les trois crasseux, avec des cernes sombres, les yeux mi-perçants, mi-harassés.

Des gens comme vous, on n'en veut pas, dit le père.

Sale Tchèque. C'est vous qui avez ouvert les barrages, et tu oses te montrer ici.

Des maisons avoisinantes, on nous regarde.

Et toi, l'ébéniste bancal, tu as trouvé une jolie compagnie. Foutez le camp d'ici, sans quoi il y aura de la casse.

Des gens sortent des autres maisons. Jan laisse tomber sa pelle. Je pose la caisse à outils. Tous les trois, nous remontons la pente, à reculons. Les pierres commencent à voler, des pommes, des bouts de planches, des clous. Les objets pleuvent sur nous. Je me penche, du coin de l'œil, je vois Vito sur le point de s'effondrer. Jan se place derrière moi, écarte les bras. Je prends Vito sur mon dos. Je ne sais pas ce qu'il arrivera si une nouvelle pierre le touche, je ne sais pas comment moi-même je pourrai tenir sur mes jambes. Jan halète derrière moi. Une pomme le frappe, rebondit, puis quelques clous et des pierres. Bientôt Vito revient à lui. Nous le soutenons sous les bras et titubons vers le haut, en direction des champs et de la lisière du bois. Trois gaillards nous suivent à quelque distance. Quand nous prenons un bref repos, ils s'arrêtent aussi, sans nous lâcher des yeux. Dès que la Ville-qui-n'en-est-pas-une est hors de vue, ils disparaissent. Le bleu de Jan est taché de fioul et de jus des pommes éclatées. Des échardes sont plantées dans l'étoffe. Un clou reste accroché. Jan, fébrilement, se tapote et retire les épines. Il se secoue et s'ébroue. Nous avançons encore de quelques mètres jusqu'au terrain de football, puis Vito se laisse tomber dans l'herbe. Il se tâte le front et les tempes, enfouit le visage dans ses mains. Ils savaient tous qui nous étions. Un Tchèque, un étranger et un unijambiste.

Nous surveillons la route, mais personne ne vient. Le grand Jan est effondré, prostré. Il est assis à côté de Vito et se masse les mains.

J'ai besoin de réfléchir, dis-je.

Fais ce que tu veux, dit Vito.

Jan regarde fixement devant lui.

J'escalade le talus et traverse le terrain en direction de la cabane du club. Le siège de la Petite est encore dans les fourrés. J'écarte les feuillages, j'en extrais la nacelle et je vais me placer dans le rond central. D'ici, on ne voit pas Jan et Vito. Je n'ai rien gardé. Les choses ont rebondi sans laisser de traces. Le début et la fin se ressemblent. C'est ainsi que j'étais devant notre maison, donnant une main à Christina, l'autre à la Petite. Je repense à Brigitte, hier, en train de peler la pomme pour la Petite en une longue spirale qui se balançait. C'est là que je suis. Toujours au même endroit, sauf que j'ai suivi la spirale. C'est cela, que mon père m'a inculqué. Finalement, on n'avance pas, on sait les mêmes choses, mais on les sait mieux.

Je remonte le moral à Jan et à Vito. Écoutez, j'ai une histoire pour vous, dis-je, et je commence à raconter à Jan et à Vito comment j'ai plongé pour aller chercher le siège d'enfant et comment, ici, je l'ai jeté dans les fourrés, parce que je ne savais pas qu'en faire. Mais maintenant, je sais quoi faire de ce siège.

J'empile tout dans la brouette : bêche, pioche, râteau, seaux, gants, quelques couteaux, spatules, eau et bière. C'est ainsi que nous partons à travers champs, en direction de la forêt. Jan et Vito fument comme des sapeurs. Je m'occupe de la brouette, mais mes bras ne tirent pas comme à l'époque. Je dois seulement veiller à ce que rien ne tombe quand je verse dans une ornière ou que je prends de l'élan pour un passage plus raide. Bientôt, nous sommes dans la forêt. La falaise se dresse, à pic. Les églantiers font des taches rouges dans les buissons. La rosée du matin embaume. Nous nous rapprochons du surplomb, lentement, comme si à tout moment, quelqu'un pouvait bondir de la pénombre, ou un chien surgir à l'improviste, mais il ne se passe rien de tel. La forêt est étrangement vide, exactement comme partout ailleurs. L'odeur a disparu. Entre les troncs et les blocs de rocher, le sol est jonché de détritus. Jan ralentit.

Après tout ce temps assis, enfin marcher un peu, dit-il et il m'envoie une bourrade.

Il faut un moment à nos yeux pour s'habituer à la lumière crépusculaire du versant nord.

Putain, dit Jan, il prend une spatule et commence à gratter les parois latérales de l'abri.

Il râpe une couche après l'autre, certaines images sont gravées si profond que Jan s'appuie de tout son poids contre la paroi. En quelques minutes, la sueur mouille sa chemise qui prend une couleur foncée. Vito et moi, penchés en avant sous le surplomb, armés d'une pelle et d'un râteau, nous tamisons le sable, nous trions les ordures, l'une après l'autre, jusqu'aux moindres débris: petits coins de sachets en plastique, emballages, papier carbonisé que quelqu'un a utilisé pour allumer le feu. Jan gratte le grès comme un forcené, mais la surface qu'il a nettoyée est minuscule, à côté des images restantes qui me serrent la gorge et me nouent l'estomac. Une fois que Vito et moi avons rempli une première brouette, nous renversons le tout dans le foyer et nous abordons la forêt. Nous faisons le tour de chaque bloc, nous ratissons le sable, fouillons les touffes de myrtilles avec nos gants. Deux hélicoptères de l'armée passent au-dessus de nous dans un bruit de tonnerre. À un moment, je crois distinguer des chevreuils dans le sous-bois. Sinon, la forêt est immobile autour de nous. Nous ne buvons rien, nous ne mangeons rien. Le tas d'ordure grandit dans le foyer. Jan est en nage. Ses cheveux, si ébouriffés d'habitude, sont collés sur sa tête. Vito et moi avons des ampoules aux mains malgré les gants. J'ai la bouche pleine de sable. Ça crisse entre mes dents. Quelquefois, je trouve des choses dont je ne peux pas dire ce qu'elles sont : des résidus collés, gluants. Alors je crache et je peste, comme Vito, et ensemble, nous exorcisons notre dégoût et notre honte en jurant. Nous en avons fini avec la forêt avant que Jan en ait fini avec les parois. J'attrape un assez gros caillou à deux mains et j'attaque à mon tour. Sans cesse, je me coince les doigts. Un ongle saigne. J'use encore deux pierres supplémentaires. La spatule de Jan s'est arrondie, émoussée d'un bon bout, mais la grotte blanchit à vue d'œil, elle se remplit de clarté.

Tiens, bois un petit coup, dis-je.

La nuit tombe alors que nous éteignons la dernière croix gammée. Nous sommes crasseux des pieds à la tête. Nos visages sont terreux, salis de suie, les cernes noirs, sous nos yeux, font penser à des maquillages. Mais à la fin, nous avons le sourire. Nous prenons trois pierres fraîches et effaçons ensemble le dernier reste de peinture. Le grès est redevenu jaune et rugueux, comme poncé par l'érosion.

Lorsque nous arrivons à la maison, il n'y a plus que deux vieillards dans notre rue. Impossible de dire s'ils sont là par hasard ou s'ils sont l'arrière-garde de tout ce qui nous est arrivé ces derniers jours. Ils plissent le nez sans rien dire. Nous marchons courbés, comme rescapés d'une étrange bataille. Sous les arbres, nous nous étendons dans l'herbe. Il y a encore assez à manger, mais moins de choix que d'habitude, les provisions de Brigitte et Jan touchent à leur fin. Quand nous allons nous coucher, Christina installe la Petite contre le bord de la tente et s'allonge à côté de moi.

Nous devons l'emmener avec nous, dis-je.

J'ai dit à la Petite qu'on allait faire un feu de camp dans la forêt. Christina et Brigitte s'occupent des cageots. On a tout préparé pour que la Petite puisse allumer le tas. Tout autour, on a empilé des branches, bouché les trous à l'aide de papier, si bien qu'on ne voit presque pas l'intérieur. Pour la Petite, nous construisons, à l'aide d'un chiffon, de papier et d'un bâton, une sorte de torche pour qu'elle ne puisse pas se brûler. Elle fait le tour du tas, enfonce ici ou là la torche à l'intérieur. Ça craque et ça siffle. De minces filets de fumée s'élèvent, jusqu'à ce que la chaleur augmente. Ça crépite. Les flammes s'élèvent, denses. Pour terminer, nous jetons même la torche dans le feu, nous sommes tous rassemblés et observons, comme hypnotisés, les jeux changeants de l'orange et du jaune. La Petite est à côté de moi, solidement campée sur ses jambes écartées, et sourit. Elle est fière d'avoir fait un feu.

Nous avons apporté des pommes et du chocolat. Une heure plus tard, tout est consumé et la Petite commence à avoir sommeil, après la grande excitation. Jan la hisse sur ses épaules. Elle doit aller faire ses bagages. Quand nous lui avons dit qu'elle ne pourrait pas emporter tous ses jouets, elle a fondu en larmes.

Maintenant, c'est à Vito et moi d'aller chercher sa voiture sur le chemin forestier, sous la caverne. Nous marchons vite. Depuis ces derniers jours, je porte des chaussures. Quand nous bifurquons dans la route de la forêt que nous avions aussi suivie jadis, en vélomoteur, Vito s'arrête.

Tiens, dit-il, voici ton animal à toi.

Il me tend un épervier, perché sur une branche.

Tu as toujours fait tes cercles tout là-haut, mais maintenant tu t'es rapproché.

La voiture de Vito est intacte. Vito n'a pas de radio et de toute façon, il n'y avait rien à prendre. Nous roulons donc sur les pistes dallées de béton. Le commandant Vito bel et bien aux commandes, à présent. L'air entre en feulant par la vitre ouverte. Quand nous prenons de la vitesse, un rythme naît, un tambourinement intense, comme le début d'une chanson. La batterie prélude. La mélodie doit commencer d'un instant à l'autre. Mais la mélodie n'est qu'en moi. Je regarde Vito à la dérobée. La campagne défile dans un bruissement. Ma respiration est plus légère. Si légère que les larmes me montent aux yeux.

Christina et moi sommes couchés côte à côte dans le séjour, tout éveillés. La Petite a posé à côté d'elle la caisse qui contient les animaux de Vito. Sa respiration est régulière. La maison est silencieuse. On pourrait croire qu'il n'y a que nous trois, ici. Personne d'autre à l'intérieur, personne d'autre à l'extérieur. Mais il n'en est rien. Vito aussi, a fait entrer sa voiture sous les arbres. C'est là qu'il dort. Jan et Brigitte sont en haut. Nous ici en bas. Je m'en réjouis.

Je n'ai plus envie d'être dans ces pièces. Elles n'ont plus rien à faire avec moi.

Nous laissons la maison ouverte : vienne qui voudra. La plage arrière est couverte de sacs et d'affaires. Jan, devant nous, allume un petit coup les feux de détresse, comme pour dire : *À nous, maintenant,* ou *Quoi encore.* Christina est au volant. Je suis assis près d'elle. La Petite derrière dans son siège que nous avons reconstitué à l'aide de couvertures et de coussins. À côté d'elle, Vito, avec ses deux jambes, la vieille et la nouvelle.

Si quelqu'un était assis sur mon roc, il verrait deux voitures là-haut dans la montagne, roulant vers la frontière. Chargées à ras-bord autour de la petite troupe de voyageurs. Il y a quelques objets qui dépassent du coffre, sur un des toits, une table est solidement attachée, les pieds en l'air, sur l'autre, trois matelas : tout ce qui a pu être sauvé, tout ce qui a pu être emporté. Mais rien à voir avec les inondations. En bas, dans la vallée, les maisons sont devenues friables, sous les routes, le vieux pays a fait irruption. Les pompes ronronnent jour et nuit. Même ici sur la hauteur, tout est détruit, même là où l'eau n'est pas venue.

Achevé d'imprimer
en janvier deux mille vingt-deux
sur les presses de L.E.G.O. à Lavis, Italie
pour le compte des Éditions Zoé
Composition CW Design, Belgique